美麗島後的禁書

廖為民———

著

獻 給

台灣同胞

及

「反送中」的香港朋友

緬 懷

雷震先生
（1897-1979）逝世40週年（3月7日）

鄭南榕先生
（1947-1989）自焚30週年（4月7日）

詹益樺先生
（1957-1989）自焚30週年（5月19日）

余登發先生
（1904-1989）被殺30週年（9月13日）

殷海光先生
（1919-1969）逝世50週年（9月16日）
暨百歲冥誕（2019年12月15日）

目　錄

此時此刻・來自香港的message

　　在香港做媒體出版，都曾經為寫的東西、編的東西而自我審查過。原因是這裡的自由空間愈來愈收緊，上星期可以刊出的東西，今天不可以了，你強行出版／刊出，可以說是「後果自負」。

　　台港兩地不止文化文字相似，正因為極權政府關係，我們都有「自我審查」的經驗，到底刪到多少才可以？還是整本書不出版算了？這些兩難常常在內心交戰。有台灣朋友曾經說，香港現在很像台灣戒嚴時期，惟《美麗島後的禁書》告訴我，香港與台灣戒嚴時期的距離，無論在時間、涉及範疇和影響之廣，香港還差很遠。

　　這數個月以來，香港人已極速成長，除了是抗爭手法、協調溝通的方式，或心理調整，因為我們在對抗世上最邪惡的政權（還要有錢），被打被捕坐牢離我們不遠，近在咫尺，我們必須快速回應和應變，包括可能面對以年計算的抗爭，《美麗島後的禁書》可以給我們一點啟示。

　　台灣的歷史告訴香港人，暴政必亡。

－陶培康（Cup 媒體執行總編輯）

從禁書看戰後台灣民主運動

　　台灣戰後史簡單而言，就是一部民主運動史。戰後第一波民主運動在 1947 年二二八事件中被鎮壓、死傷慘烈；歷經十數年休養後醞釀復甦，1960 年第二度集結組成反對黨，又遭逮捕而瓦解。1970 年代戰後新生代已然成長，更加無畏無懼地展開黨外民主運動，這次遭受黨國第二代領導人蔣經國的無情重擊，1979 年底發動大逮捕企圖扼殺民主生機。所幸美麗島事件中的犧牲，終能喚醒民眾，第三波民主運動愈挫愈勇，1986 年戰後台灣第一個反對黨成立，而能成功推開民主大門。

　　黨外民主運動之所以能成功，主要的兩大武器，一是選舉，一是宣傳。戰後為爭取恢復美援，國民黨政府在美國壓力下允諾讓二二八事件以來強烈不滿的台灣人獲得參政機會，1950 年開始舉辦地方自治選舉。四年一次的地方選舉雖然弊端不斷，卻是威權體制下反對運動得以累積實力、衝破藩籬的重要缺口，1972 年開始增額中央民意代表選舉，更讓運動熱度上升。但在無選舉活動的平時如何教育民眾、維繫熱情？黨外人士尋得了持續宣傳的方法，1975 年第一本黨外雜誌《台灣政論》出刊，或是將選舉政論、問政成

果編輯成專書，例如 1973 年張俊宏出版《放眼看選舉》、1975 年康寧祥的《問政三年》、1977 許信良的《風雨之聲－省議會四年的回顧》、《當仁不讓》、張俊宏的《我的沉思與奮鬥－兩千個煎熬的日子》等等。但是，在威權統治當局眼中，這些黨外雜誌書籍顯然是「思想毒素」，是警備總部積極查禁的目標。在此情況下，這些記載著台灣民主化過程的重要文字，經常無法被完整保存。

　　事實上，戒嚴時期警備總部查禁書刊的範圍極廣，僅僅依據〈台灣地區戒嚴時期出版物管制辦法〉第三條，在「為匪宣傳」、「詆毀國家元首」、「違背反共國策」、「混淆視聽」、「影響民心士氣」、「挑撥政府與人民情感」等罪名之下，思想文化相關的書籍幾乎無所不禁，黨外書刊是其中之一。所幸，黨國統治的凜冽時代，仍然無法密不透風地進行全面控制，民眾還是可以透過熟識的書報社老闆偷偷購得雜誌與禁書，呼吸一下新鮮空氣。

　　廖為民先生從小就在雲林鄉下父母開設書店長大，見識過警察查禁書刊。成人後任職台中書報社，也曾創辦克寧出版社、一橋出版社，長期投入文化出版事業。尤其在 1980 年代擔任「台中書報社」業務經理期間，他與台中、彰化、南投等縣市四百多個書店與書報攤合作販賣黨外雜誌，可說是大台中地區民眾接觸黨外雜誌、書籍的最主要通路。他深知警備總部文化小組的查禁作業，擔心日後台灣人再也看不到被查禁的黨外書刊，於是很有心地巧妙應對，甚至以一己之力盡可能購買，長期下來，竟然奇蹟似地保存了 1975 到

1989 年 15 年間絕大部分的黨外書刊，成為蒐集黨外雜誌和禁書最齊全的人。

近年來廖為民先生陸續出版《我的黨外青春》、《台灣禁書的故事》，前者回憶台灣的桎梏年代，後者介紹了 1966 年到 1979 年的 25 本禁書。這本《美麗島後的禁書》是他的第三部作品，主要在介紹 1980 至 1983 年的 27 本禁書。作為一位民間作家，廖先生持續吐哺、努力不懈，無疑是極為難能可貴的事。

黨外雜誌與書刊是台灣民主運動的重要史料，戒嚴時期的禁書是研究黨國體制下文化思想控制的珍貴素材。廖為民先生以一己之力，為台灣人保存了重要史料，並將之介紹於大眾，令人衷心敬佩。是為序。

陳翠蓮（國立台灣大學歷史學系教授）

速寫時代的飛翔者

　　廖為民先生以一名親歷者、觀察者、見證者的視角，這
些年，透過嚴謹的考證、生動的筆墨，描繪台灣民主化運動
的歷史紋理，刻畫那個時代台灣人躍動的靈魂舞姿。

　　2015 年的《我的黨外青春：黨外雜誌的故事》，2017
年的《台灣禁書的故事》，以及作為續篇的本書，剛好是時
代的兩個不同側面；一面是激昂的青春進行曲，一面是持續
壓制的黑暗魔手。唯有結合這兩個側面，才能呈現時代光影
交織的立體圖像，才能真正閱讀到，那些行動者是如何從黑
暗中點燃光亮，自主飛翔。

　　1970、80 年代，是台灣從威權體制中奮力掙脫的關鍵
二十年，而廖為民先生的兩本禁書故事，時間橫跨 1966 年
到 1983 年，與這關鍵的二十年高度疊合。表面上，這兩本
書是寫國家如何查禁出版品、查禁哪些出版品，實際上，更
重要的是，他寫出這些作者做為自主言論的行動者，在關鍵
時刻，如何記錄、參與，甚至推動台灣邁向民主化的青春時
刻。從這個角度來看，廖為民筆下，其實是一部部青春進行
曲。

　　1970 年代的台灣，在歷經漫長的禁錮之後，逐漸進入

騷動的青春期，冬蟄過後，爆破的聲音到處迸發。1970 年代終了，那年所發生的美麗島事件，更是猛力敲擊台灣住民長期被馴化的靈魂。

人民猛醒，時序進入 1980 年代，破冰前夕，四方鳴動，這是一個行動主義高昂的時刻，人們相信，只要願意挺身而出，思考、言說、行動，就可能創造一個陽光清朗的未來。

然而，從統治者的視角來看，這種暢旺的民氣卻猶如百鬼夜行，萬蟲亂竄，長期習於控制的威權統治者，不許一絲光亮綻透，強化控制。那個時代，光影反差，一面是微光爆破，一面是黑暗擴大打擊面，這本書就是速寫這樣的時代圖景。

一般人所習知的白色恐怖，以 1950 年代爲核心，確實，這是政治案件密度最高、槍斃人數最多的時代，然而，1970、80 年代的「恐怖」，並不是彰顯在案件數量上，而是體現在國家操控體制的強化。從當時大學校園監控體制來看，就可以觀察到，統治者已然嗅聞到時代風雲激湧的生猛氣味，因此布建更綿密的情報網絡，加強控制。

1970 年代初期，統籌校園政治偵防的「春風會報」成立，結合教育行政部門、情治單位、國民黨系統，下轄各校的「校園安定小組」，負責第一線情搜與動員，定期在「春風會報」中彙報。監控策略是「層層布建，室室有人」，重點院系的師生、社團幹部、宿舍、職員，都有布建人員，全國八十餘所大專院校的動態，都在「春風會報」中被掌握，

標舉以「沒有匪諜、台獨、陰謀活動，沒有政治暗流，沒有學潮醞釀」為目標。

也就是說，只有黨國意識形態，只能有黨國意識形態，除了黨國意識形態蓋章認證之外，其餘都是必須掃除的「陰謀」與「暗流」。校園偵防的布建人數驚人，如 1975 年至少 3,900 人，1983 年，更擴充到 5,041 人。

1983 年，已經是解嚴前四年，黨國體制感知到民氣翻湧，不是順應民意鬆綁，而是加緊束縛，勒緊喉嚨。正如廖為民先生所掌握的，1980 年 9 月 24 日到 1983 年 1 月 12 日，短短兩年半不到，幾百種書報雜誌被查禁。事實上，從 1949 年 5 月 28 日，〈台灣省戒嚴期間新聞雜誌圖書管理辦法〉制定之後，對出版品的管制，從未鬆綁，而且，查禁出版品的相關規定不僅止於此，出版法、社會教育法、刑法二三五條……等等，都有相關規定，疊床架屋，相互為用，密織成網。

1970 年，修訂的新辦法〈台灣地區戒嚴時期出版物管制辦法〉頒布，由警備總部執行，絕大多數的查禁作業是依據這個辦法的第三條第五、六、七、八款，理由是「違背反共國策」、「淆亂視聽，足以影響民心士氣或危害社會治安」、「挑撥政府與人民情感」、「內容猥褻有悖公序良俗或煽動他人犯罪」。

觀察廖為民先生書中所記錄的查禁書籍，內容多樣，有當時活躍的政治人物所寫的政論書籍，如林義雄、姚嘉文等人以郭雨新為主角的《虎落平陽》、許信良的《風雨之

聲》、林正杰的《寧爲黨外》、康寧祥的《一個小市民與老長官的政治對話》等，有長期關切台灣民主發展的政治、歷史、文化評論家的作品，如筍孫(何光明)的《民主的國土》、李筱峰的《叛徒的告白》、李敖的《千秋‧冤獄‧黨》等等。查禁理由大多依據前述條款，「內容偏激、顛倒是非、淆亂視聽、挑撥政府與人民情感」等，寫得都十分空洞。作者的思想精粹，就如此被幾句固定的制式評論，宣判爲有錯、有害、有毒，被嚴密囚禁，不能傳播，即使已經開始發行，當局也會貫徹意志，在全國各處執行查扣行動。

書中所列舉的，也有前政治受害者的著作，如謝聰敏的《談景美軍事看守所》，又如王燈岸的傳記文學《磺溪一老人》。《磺溪一老人》的傳主石錫勳，日治時期是彰化地區文化協會的主力戰將，戰後積極挺身而出，亟欲以「參與」來改革政治，終而被羅織罪名，指他涉及「劉佳欽、顏尹謨等彰化事件」，判刑7年，成了政治犯。這些涉及政治受害者的作品，也都被以「內容淆亂視聽、挑撥政府與人民情感」爲由查禁。

政治受難者，雖然已經出獄了，卻仍然被關閉嘴巴，斬斷羽翼，禁止飛翔，甚至連他的存在，都再度被抹消。

有一些幾乎無關現實政治的出版品，也成爲查禁國策下的犧牲品。如金庸1950年代在香港出版的《射鵰英雄傳》，1957年9月在台灣首次出版，不到三個月就被台灣省保安司令部(警備總部前身)以「爲共匪宣傳之圖畫文字」爲由查禁。1959年12月31日，更啟動「暴雨專案」，

查禁武俠小說四百多種，金庸作品中，包含《射鵰英雄傳》在內的六部小說都被查禁，1980 年 5 月，《射鵰英雄傳》在台灣由遠景出版社重新出版，一出版就又遭查禁。

《射鵰英雄傳》這部以宋元時期為背景的武俠小說，究竟為何是「為共匪宣傳之圖畫文字」呢？當局這種「超譯」的文本解讀法，令人費解。

更有甚者，廖為民先生寫到 1982 年出版的《陳文成教授紀念專集》被查禁一事。1981 年 7 月 2 日，返台探親的陳文成被警總以「約談」為由，從羅斯福路住處帶走，隔天上午，陳屍在台大研究生圖書館後方的草坪。

淡藍色襯衫、淺灰色西褲、白色皮鞋，成為陳文成此生的最後身影。他何時死亡？死因為何？是否有從警總離開？即使歷經四度刑事司法體系偵辦及兩次監察院調查，這些問題，至今仍然懸置在歷史迷霧中。

1982 年 7 月 2 日，陳文成事件週年，《陳文成教授紀念專集》出版，內容是家人的懷念、故人的追憶、陳文成的著作、美國國會聽證的證詞、命案相關報導與評論等等。然而，陳文成命案未破，紀念專集卻被查扣，依據也是第三條第六、七款，說是「淆亂視聽，足以影響民心士氣或危害社會治安，挑撥政府與人民情感。」

國家該負責任的調查，懸置成為疑案，卻汲汲營營查扣紀念陳文成的出版品。即使已經死亡，仍然禁止飛翔。

然而，在那個年代，眾多的陳文成們，即使失去生命，即使被斬斷翅膀，也仍然堅持飛翔。因此，廖為民先生所描

繪的，既是一則則關於「禁止飛翔」的黑暗故事，更是一幅
幅時代飛翔者振翅飛翔的陽光敘事。

東華大學華文系教授　楊翠

自序

　　我們回顧台灣的民主化進程時，不能認爲解除報禁和黨禁是蔣經國晚年大發慈悲的結果，而必須看到幾代台灣黨外運動先驅的流血犧牲。

余　杰《卑賤的中國人》

　　本書敍述的黨外禁書由 1980 年 9 月 24 日，以隆徹字第 4100 號一口氣查禁林義雄、姚嘉文的《虎落平陽》及張俊宏的《我的沉思與奮鬥》等五本書談起，到 1983 年 1 月 12 日查禁曹聚仁的《魯迅評傳》爲止，一共二十七本禁書。當然，這只是擇其重要者而已，當時查禁的書報雜誌至少有數百種。比較有趣的是，林、姚、張三人的五本，再加上陳婉眞的《勇者不懼》和許信良的《風雨之聲》、《當仁不讓》共八本，都是 1977 及 1978 年的舊作，筆者手上擁有《虎落平陽》初版、二版及三版（出版日期分別是 1977 年的 8 月、9 月及 10 月），所以其查禁目的只是向人民展示它的威權和自爽而已。

　　李敖在《李敖風流自傳》中有〈葉聖康〉一節（613 至 614 頁）中說：

　　五十生日前後，爲支持鄭南榕發起的抗議國民黨運動，我捐了十萬元。我給的是郁慕明付的一張支票，我還開玩笑

說：「就算是國民黨郁慕明老弟捐的吧！」

　　這張支票是郁慕明説我吃了四季出版公司葉聖康而被我告誹謗後「和解」的產品之一，……葉聖康是令人懷念的出版工作者，可惜時運不濟，公司垮了。……

　　葉聖康是四季出版公司發行人，李敖復出後曾出版《李敖文存》一‧二集及《李敖全集》（精裝六大冊，後增至八大冊），再以「四季文存」專門出版「政論性書籍」，而被查禁的有《叛徒的告白》（李筱峰）、《政治笑話集》（鄭牧心編）及《等》（曾心儀）三種，再加上李敖的「千秋評論叢書」第一期《千秋‧冤獄‧黨》和《七十年代論戰柏楊》等，短短一年半即被查禁五本書。筆者當時任職台中書報社，和葉先生認識的三年間，蒙受他的指導，受益良多，祝福遠在異國的他及家人平安喜樂。

　　金庸除了《射鵰英雄傳》查禁之外，筆者在取締武俠小説的「暴雨專案」中，又找到《雪山飛狐》、《神鵰俠侶》、《飛狐外傳》、《書劍恩仇錄》及《碧血劍》等五種亦遭查禁。

　　陳文成教授是旅美數學專家，因爲幫忙《美麗島》雜誌社募款，返國探親而爲警備總部約談，不料人未送回，卻陳屍台大校園，身體傷痕累累，因而在美國引爆國民黨暗派「職業學生」（即爪耙子）在台灣留學生團體中製造是非與黑名單等問題，美國國會爲此兩度召開聽證會，蔣家政權頗

受國際指責。《陳文成教授紀念專集》是在美同鄉於他冤死一週年祭時推出的紀念專書；國內則同步由深耕雜誌社協助編輯推出《陳文成博士紀念專集》，兩書除「家人的懷念」篇稍有重覆外，美國版以美國方面的反應爲主要內容，國內版則以台灣方面的新聞與回應爲主，合在一起閱讀更見全貌；然而蔣家政權不止殺人，還查禁並查扣美國版的《陳文成教授紀念專集》，更可惡的是縱容各地文化工作執行小組連合法出版的《陳文成博士紀念專集》也照樣大搖大擺的查禁及查扣，實在是無法無天！

小英總統執政二年半，在年金改革與轉型正義等議題上的努力，引發一群在國民黨體制內的既得利益者的不滿，而在 2018 年 11 月 24 日的地方選舉與公投中慘敗；其外部原因是中共指揮紅色媒體僞造訊息與以民粹主義掀起「韓流」的造神運動；而內部原因則是疏忽宣傳政績與體察民意走向。小英辭民進黨主席，賴清德辭行政院長來表示爲敗選負責。民進黨主席經黨員選舉由卓榮泰當選，行政院長由老將蘇貞昌擔綱，旋即展開改革工作。

進入 2019 年，國民黨內有意角逐 2020 總統大位的人選王金平、朱立倫紛紛投入，而甫當選高雄市長的韓國瑜在「韓粉」簇擁下亦躍躍欲試，連全台首富郭台銘也在媽祖託夢下加入戰局。最後由韓國瑜勝出，代表國民黨參選總統。柯萊爾欲拒還迎卻因民調始終殿後，而不斷口出酸言酸語，令人頗爲不齒。

香港人在六月發起「反送中條例」，自甘爲兒皇帝的香

港特首林鄭月娥，面對二百多萬港人身著黑衣走上街頭抗議的壓力，只宣告「送中條例」壽終正寢，卻死不宣告「撤回」，引起香港人權陣線發動「週日」遊行，7月21日的遊行包圍港府的太上皇「中聯辦」，港人丟擲雞蛋及油漆汙損中國國徽。中共及港府當晚唆使黑道在元朗地鐵站內，對身著白衣的民眾實施無差別攻擊，港人報警，警署雖近，卻姍姍來遲。這只顯示，專擅獨裁暴力的中共已經圖窮匕見，不能如六四天安門事件般地關門打人，遂只能丟人現眼式在世人眼前以黑道來恐嚇港人。鄧小平在「一國兩制」答應「香港五十年不變」的諾言，已經破滅。

寫作期間受友人的鼓舞，承蒙陳翠蓮及楊翠教授的賜序與指教，及國家人權博物館贊助出版經費。更感謝廖志峰、郭永芳、陳彥斌、余岳叔、邱振瑞、林家成、林憲正、李明峻、曹欽榮、康文雄、邱萬興、鄭清華、曾文邦、黃裕順、薛宏甫、何郡、魏文進、廖學志、趙元才、曾明財、麥可兄嫂等先進的愛護。同時感謝前衛出版社林文欽社長及君亭、清鴻、佩穎、張笠、婉清、武煌、君翰等同仁的相助。

2020年的總統大選，將是台灣人在中國蠻橫欺凌及國民黨賣台壓力下，自我決定台灣未來是法治或人治的關鍵。台灣往何處去？是繼續今日的民主與自由？還是淪落成香港人時時活在恐懼之中？

醒醒吧！我敬愛的台灣同胞！

廖為民於三角湧 2019 年 7 月大暑之日

黨外奮戰的年代(1969—1982)

　　1969 年 1 月 20 日，尼克森就任美國第 37 任總統，正是美國陷入越戰泥淖、美蘇主宰的兩極對抗之國際格局，同時亦因西歐、日本等實力增強而衰退。尼克森在就職演說中正式提出「以談判代替對抗」的和解政策，更選擇亨利‧季辛吉擔任總統助理，協助他推動和解政策。

　　尼克森決心打破與中國的僵局，拉攏中共協助解決越戰，同時建立一個維持均勢的美中蘇三角關係，用來取代原有美蘇兩強的對抗關係。這一演化，非但沒有給台灣帶來蔣介石希望的前景，反而是背棄蔣介石的國民黨政權，走向承認中共政權代表全中國，不再承認蔣介石政府的開始。

　　尼克森政府透過美中雙方友好的羅馬尼亞與巴基斯坦進行溝通，先恢復在波蘭首都華沙的大使級談判，繼而放寬美國人對中國的貿易及旅遊、「乒乓外交」等措施。1971 年 7 月，季辛吉由巴基斯坦秘密轉赴中國，商談「尼克森訪中」的破冰之旅，一波又一波地撼動蔣介石的政權。

　　當時台灣國內的情勢是：

　　在野人士康寧祥於 1969 年 11 月當選台北市議員；12 月，黃信介當選終身職立委；康寧祥在三年後也當選增額

立委。他們兩人承繼過去「無黨無派」傳統，在幾年內開啓「黨外」的大門，使民主運動再創下一波新的高潮。1970 年元旦，分散在世界各國的主張「台灣是一個國家」的台灣留學生終於結合起來，在美國紐約成立「台灣獨立聯盟」。遭到蔣政權監視多年的彭明敏教授於 1 月 3 日在友人協助下，由松山機場潛赴瑞典，尋求政治庇護。2 月 8 日，關押

《敬 烈士》，紀念泰源革命五烈士專輯，2013 年初版。

在台東泰源監獄的部分主張台獨的政治犯，聯合幾位台籍士官兵、原住民青年發動監獄革命，蔣政權派出軍隊鎮壓；結果，鄭金河、陳良、詹天增、謝東榮、江炳興等五人被判處死刑，鄭正成被判處 15 年 6 個月徒刑。

4 月 23 日，國防部公布〈台灣地區戒嚴時期出版物管制辦法〉，其特殊之處是：一、此辦法是尼克森上任後 1970 年才修改。二、其第二條之「匪酋、匪幹之作品或譯著及匪僞之出版物一律查禁」之規定，將中國出版品之審查權交由軍方的警備總部來辦理。三、增加第三條第八款：出版物不得有「內容猥褻有悖公序良俗」之記載，將 1958 年修訂〈出版法〉主要理由的「黃色書刊」也列入由警備總部管轄。

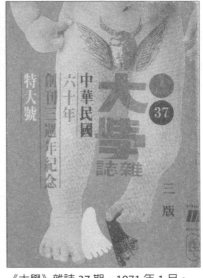

陳榮成,《我所知的四二四事件內　　　《大學》雜誌 37 期,1971 年 1 月。
情》,前衛,2015。

　　4 月 24 日(美國時間),蔣經國在紐約遭到台獨聯盟成
員黃文雄、鄭自才刺殺不成,兩人被美國警方逮捕,此即
「四二四刺蔣事件」。9 月 4 日,雷震因「自由中國事件」
坐滿十年出獄(1960.9.4~1970.9.4.)。

　　1971 年 1 月,《大學》雜誌改組,由丘宏達、陳少廷、
楊國樞等人主編,第 37 期登載〈給蔣經國先生的信〉。4
月 14 日,台大學生赴美國大使館前展開「保釣」示威。6
月 15 日,蔣介石提示國人「莊敬自強,處變不驚,慎謀能
斷」。10 月 25 日,蔣政權被趕出聯合國,其位置由中華人
民共和國取代。12 月 16 日,台灣長老基督教會通過〈對國
是的建議與聲明〉,主張台灣人有自決的權利。

　　1972 年 2 月 21 日,尼克森訪問中國,28 日雙方簽署

〈上海公報〉。3月21日，蔣介石五連任總統。5月26日，蔣經國任行政院長，小蔣的接班佈局完成。9月25日，日本首相田中角榮訪中，四天後「日中」建交，蔣政權本著「漢賊不兩立」原則，與日本斷交；蔣經國在談話中提出「四個不變」，即：「國民黨的統治體制絕不改變；絕不放棄反共復國的總目標；始終站在民主陣營一邊，絕不同任何共產政權、集團來往；對大陸中共政權絕不妥協。」

1973年元月，《大學》雜誌成員分裂，分別投入朝野陣營。2月17日，陳鼓應、王曉波等人遭到警備總部逮捕，後來引發趙天儀等十餘位哲學系教師被解聘，此乃「台大哲學系事件」。

1974年8月8日，尼克森總統因為「水門竊聽事件」將遭國會彈劾而辭職下台；繼任的福特總統於9月8日宣布給予尼克森特赦。11月26日，日本首相田中角榮亦因涉嫌「洛克希德案」宣告下台。

1975年4月5日，蔣介石病死，嚴家淦繼任總統，但實際權力由4月28日接任國民黨主席的蔣經國牢牢掌握著。8月初，發行人黃信介、社長康寧祥、總編輯張俊宏、法律顧問姚嘉文的《台灣政論》創刊，它以繼承《自由中國》與《大學雜誌》之關懷時局路線自許，為日後的黨外雜誌的典範。由於內容過於真實辛辣，發刊至第五期〈選舉特大號〉後，遭到警總以邱垂亮〈兩種心向—和傅聰、柳教授一夕談〉一文，涉嫌觸犯內亂罪及煽動他人觸犯內亂罪之情節嚴重，遂依〈出版法〉給予《台灣政論》停刊一年的行

政處分。同年 10 月 23 日，白雅燦欲參加年底增額立委選舉，散發要求蔣經國公布財產等二十九個問題的宣傳單，卻因此被蔣政權逮捕，並判處無期徒刑。12 月 20 日，黨外人士在增額立委選舉中當選了康寧祥、黃順興、許世賢三人；「不死的虎將」郭雨新以 80,398 票成為落選頭，引發宜蘭人示威抗議。郭雨新委託林義雄、

《台灣政論》創刊號，1975 年 8 月。

姚嘉文律師提出當選無效、選舉無效及妨害名譽三個訴訟，雖遭法院駁回；林、姚兩律師將這次選舉及官司相關資料，編輯出版《虎落平陽？—選戰 官司 郭雨新》一書，成為台灣選舉史的珍貴史料。

　　1976 年 1 月，《台灣政論》副總編輯張金策（前礁溪鄉長）被蔣政權利用舊案清算，判刑十年；後偷渡日本，轉往美國參加「台灣人權公聽會」，為台灣人發出正義之聲。3 月 1 日，鄭泰安創辦《夏潮》月刊，蘇慶黎在第 4 期接任總編輯之後，將關懷面延伸至時局與社會現實面，為工農朋友發聲；發行至 1980 年元月第 34・35 期合訂本後，遭警總停刊一年。7 月，《台灣政論》另位副總編輯黃華，蔣政權再度藉故以叛亂罪處以徒刑十年，使他三進宮。10 月 10

日，台獨份子王幸男寄出三個包裹給謝東閔、黃杰、李煥等人，謝東閔在拆封郵包時炸傷左手。蔣政權逮捕王幸男家人，威脅王幸男返台投案，否則對其家人不利，王幸男遂於 1977 年 1 月 7 日回台投案，被判處無期徒刑，直到 1990 年才假釋出獄。

《夏潮》第 34‧35 期合訂本，1980 年 1 月。

自從黃信介、康寧祥崛起之後，「黨外」一詞的大量使用，漸漸地「黨外」便成為無黨無派的政治異議份子所共同使用的標誌。

1977 年 4 月，省議員許信良出版《風雨之聲》一書，記錄他在省議會四年的重要質詢，同時也對省議會同仁做了分類與剖析，卻受到同仁群起圍攻。國民黨省黨部深知這是許信良準備投入縣長選舉的聲明，因而對他有所防範。許信良脫黨參選，吸引大批青年學子投入選戰，終於在開票當日（11 月 19 日）引爆「中壢事件」，黨外因而取得縣市長四席、省議員二十一席、台北市議員六席。此後，黨外不再是政治異議份子孤軍奮戰，而逐漸形成「政團」。8 月 16 日，長老教會發表〈人權宣言〉，呼籲美國尊重台灣住民人權，而政府應面對現實，讓台灣成為一個「新而獨立的國家」。

同年 8 月，作家彭歌、余光中在聯合報副刊發表〈不談

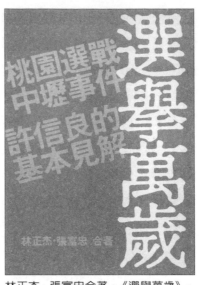

尉天驄主編,《鄉土文學討論集》,
1978 年 4 月初版。

林正杰・張富忠合著,《選舉萬歲》,
1978 年 3 月初版。

人性。何有文學〉、〈狼來了〉等文,抨擊鄉土文學作家的
「工農兵文藝」意識形態,王拓、陳映眞、尉天驄等作家反
擊,雙方大打筆戰,黨營的中央日報、青年戰士報也投入論
戰,官方亦召開「第二次文藝座談」、「國軍文藝大會」來
大舉批判鄉土文學,論戰至 1978 年 3 月後已漸平息。表面
上是文藝創作的路線之爭,事實上隱含統獨立場的問題,這
也爲 1980 年代初期的統獨之爭揭開序幕。

　　1978 年 3 月 18 日,林正杰、張富忠的《選舉萬歲》一
書,在裝訂廠被警備總部人員非法扣押,損失慘重,殘本
在市面流通價是一本一千元(原書定價九十元)。3 月 21 日,
蔣經國當選總統,5 月 20 日就職,「蔣經國時代」來臨。6

月 15 日,許一文(施明德)發表《增設中央第四國會芻議》的 64 頁小冊,但旋遭警總查禁。10 月 31 日,黨外人士助選團發表「解除戒嚴令」等十二大政見。12 月 16 日,美國卡特總統在台灣選戰高潮中,宣布明年元旦起「美中正式建交」。蔣經國隨即依〈動員戡亂時期臨時條款〉發布緊急處分令將這場選舉「無限期延後」。12 月 25 日,黨外人士助選團發表〈黨外人士國是聲明〉,提出十項呼籲。

　　1979 年 1 月 21 日,警備總部以前高雄縣長余登發與其子余瑞言,涉嫌參與匪諜吳泰安叛亂案為由,將兩人逮捕;翌日,許信良、施明德等黨外人士南下高雄橋頭遊行示威,組織「台灣人權委員會」,是國民黨戒嚴統治下第一次政治示威活動。6 月 1 日,發行人兼社長康寧祥、總編輯司馬文武(江春男)的《八十年代》雜誌創刊。8 月 7 日,黨外地下報《潮流》攝影編輯陳博文與印刷商楊裕榮被捕,最初指控為叛亂罪,後因創辦人陳婉真在美絕食抗議,遂裁定交保。8 月 16 日,發行人黃信介、發行管理人姚嘉文與林義雄、社長許信良、副社長黃天福與呂秀蓮、總編輯張俊宏、總經理施明德的《美麗島》雜誌創

《八十年代》創刊號,1979 年 6 月。

刊號出刊。9 月 8 日，美麗
島雜誌社於中泰賓館舉辦創
刊酒會，在軍警縱容下，疾
風雜誌社率領人馬在賓館外
舉行「聲討叛國賊陳婉眞行
動大會」，造成雙方的衝突
與對立。

《美麗島》創刊號，1979 年 8 月。

　　黨外人士針對書籍、雜
誌連續被查禁於 9 月 20 日
聯合發表一分共同聲明〈我
們決心爲言論自由奮鬥到
底！對當局一再濫權查禁書
刊的抗議〉。聯合簽署者有拓荒者出版社、春風出版社、鼓
聲雜誌社、美麗島雜誌社、禁書作者聯誼會、春風雜誌社、
八十年代雜誌社等七家。《八十年代》第五期第 41 頁全文
刊登這則聲明。12 月 10 日，美麗島雜誌社在高雄舉辦「世
界人權紀念日演講大會」時，在蔣政權「未暴先鎮」的陷阱
及催淚瓦斯的圍堵下，發生警民衝突；蔣政權再利用其媒體
傳聲筒抹黑黨外，查封美麗島雜誌社及其各地服務處，大肆
逮捕黨外精英，企圖一舉撲滅「黨外」這股反對力量。王景
弘在《採訪歷史：從華府檔案看台灣》一書說：「蔣經國並
沒有立即民主化、本土化，反而是在危機感下，逮捕黨外人
士，造成美麗島事件。他的民主化及本土化一直到 1980 年
代的末期才進行」。12 月 19 日，《美麗島》雜誌遭蔣政權勒

令永久停刊。12 月 20 日，《八十年代》、《春風》、《夏潮》都被停刊一年。

1980 年 1 月 8 日，蔣政權高額懸賞緝捕施明德，終於在西門町許晴富家中被捕。1 月 22 日，立委康寧祥以〈為我們的民主前途請命〉為題向行政院提出質詢，建議政府公平審判美麗島事件。1 月 23 日，在美台灣作家陳若曦及華裔學者余

《亞洲人》月刊第二期，1980 年 3 月。

英時等三十多人聯名請求國民黨政府對美麗島事件被捕人士進行公開審判。2 月 28 日，在蔣政權嚴密監控下，林義雄母親與雙胞胎女兒亮均、亭均在家中被殺死，僅大女兒奐均重傷獲救。坊間以為此行動是情治單位鷹派所為，用以「殺雞儆猴」。3 月，《亞洲人》月刊第二期刊登〈最長的一日〉、〈牆裡・牆外〉、〈訪陳若曦談美麗島事件〉等專文，但旋即遭警備總部處分停刊一年。

4 月 18 日，美麗島事件軍法審判部分：施明德判處無期徒刑、黃信介有期徒刑十四年，姚嘉文、張俊宏、陳菊、呂秀蓮、林義雄、林弘宣等六人都處十二年有期徒刑。4 月 24 日，以藏匿施明德為由，蔣政權逮捕長老教會總幹事高俊明牧師等人。6 月 2 日，美麗島事件司法部分：周平德、

邱茂男、王拓、魏廷朝各有期徒刑六年，楊青矗刑四年兩個月，邱垂貞、紀萬生、張富忠、陳忠信各刑四年，蔡有全、吳振明、許天賢、吳文賢、戴振耀各刑三年……。6月5日，高俊明牧師、許晴富因藏匿施明德案，兩人都被處有期徒刑七年。9月24日警備總部發布隆徹字第4099號查禁陳婉眞《勇者不懼》一書；以

姚嘉文、陳菊編註，《黨外文選》，1979年5月初版。

隆徹字第4100號一口氣查禁林義雄、姚嘉文合著《虎落平陽》、張俊宏《我的沉思與奮鬥》及《景涵選集》、姚嘉文《護法與變法》、林義雄《從蘭陽到霧峰》等五本書。

10月23日、27日分別查禁黃煌雄《到民主之路》與鄭牧心《台灣省議會之變局》兩書。11月10日，警備總部發出隆徹字第4807號公函：謂許信良經懲戒停職，出國後猶繼續發表不法言論，公然成立叛國組織，警備總部依法通緝，許著《風雨之聲》及《當仁不讓》兩書，自不宜任其流傳，汙染社會，因而查禁，並清查報繳。11月18日警總以康寧祥、王兆釧合著（幕後作者李筱峰）《一個小市民與老長官的政治對話》違反〈台灣地區戒嚴時期出版物管制辦法〉第三條第六款，遂將之查禁並報繳；同月24日，

進峰編輯的《康寧祥與民主政治》一書，警總以書中有康寧祥〈對許信良彈劾案之聲明〉，曾刊登於禁書《黨外文選》，就依〈台灣地區戒嚴時期出版物管制辦法〉第三條第六、七款查禁。12月6日，增額立委及國代選舉，美麗島事件家屬許榮淑、黃天福當選立委，周清玉當選國大代表。

史為鑑編著，《禁》，四季出版，1981年2月20日初版。

　　1981年1月17日，張春男、劉峰松被以「違反選罷法」判刑三年六個月。2月20日，史為鑑（石文傑）編著《禁》一書由四季出版公司正式出版。4月29日，林正杰任社長、林世煜任總編輯的《進步》雜誌在裝訂廠遭到警備總部查扣沒入。5月20、21日四季出版公司的李筱峰《叛徒的告白》、鄭牧心編《政治笑話集》遭到警備總部查禁。5月22日，宋楚瑜出任新聞局長，朝野評價兩極化。6月1日，林正杰及林世煜等人轉戰《深耕》雜誌。6月18日，曾心儀著作《等》一書，警備總部以〈在痛苦中成長〉之內文，對高雄暴亂事件蓄意歪曲，為叛徒作有利辯解，混淆社會視聽，挑撥政府與人民情感為由，約談勸告該書發行人，刪除後再為發售，迄今為時逾月，延未履行，遂查禁並扣押

李敖等著，《萬歲‧萬歲‧萬萬歲》，1984 年 1 月初版。

李敖，《千秋評論號外》，1983 年 8 月 25 日初版。

其出版物。7 月 2 日，旅美數學教授陳文成被警備總部約談後，翌日早晨人卻陳屍台大校園。迄今已經三十多年，但是真相仍在風中飄盪，真凶仍未逮捕到案。9 月，「李敖千秋評論叢書」創刊，創刊號《千秋‧冤獄‧黨》遭警備總部 10 月 21 日隆徹字第 4338 號予以查禁，《李敖千秋評論叢書》此後連續出刊十年，共一百二十期（查禁四十二期），外加李敖和友人共著《萬歲評論》四十期（查禁三十六期）及為黨外雜誌免費寫稿的《千秋評論號外》四期，對言論自由的爭取有很大貢獻。10 月 28 及 30 日，蔡憲崇《望春風：台灣民主運動人物奮鬥史》與梁山（謝聰敏）《談景美軍法看守所第一集》分別被警備總部查禁。11 月 13 日，林正杰準備參選台北市議員的《寧為黨外》亦遭查禁處分。記者出身

的桃園黨外人士余金來欲參選省議員，將自己曾參與的報導和助選經過編輯成《捨我其誰》於 11 月 5 日出版，翌日即遭警總查禁扣押處分。

1982 年 5 月 25 日，黨外立委放棄杯葛警備總部預算案，引發《深耕》雜誌於 6 月 10 日刊登「放棄杯葛，黨外還有什麼？」專輯，開始批判康寧祥。6 月 29 日，康寧祥、黃煌雄、張德銘、尤清「黨外四人行」赴日美參訪。8 月 17 日，美國與中共簽署〈八一七聯合公報〉。《陳文成教授紀念專集》（美國版）於 7 月 2 日週年祭出版，陳文成父親陳庭茂先生為籌募「陳文成教授獎學金基金」，在台印行本書；不料，警總於 10 月 13 日查禁，並派人四處查扣，而陳老先生與家人到 11 月下旬尚未收到警總的查禁公文；同時由深耕雜誌社編輯的台灣版《陳文成博士紀念專集》，合法出版卻也遭到文化工作小組的胡亂查扣，真是「殺人禁書又扣書」，試問天下有比這更可惡的事嗎？12 月 16 日，警備總部以四季出版公司出版及發行、藍玉鋼編著《七十年代論戰柏楊》一書，內容淆亂視聽，挑撥政府與人民情感，依〈台灣地區戒嚴時期出版物管制辦法〉第二、三條予以查禁。

1983 年 1 月 8 日，盧修一「台獨案」，判處感化三年。1 月 12 日，雙喜出版社總經銷的曹聚仁著《魯迅評傳》被查禁扣押，因其違反〈台灣地區戒嚴時期出版物管制辦法〉第二條：匪酋、匪幹之作品或譯著及匪偽之出版物一律查禁與第三條第三款、為共匪宣傳者。問題是：魯迅病逝於

1936 年，中國的八年抗日都尚未開始，魯迅怎麼會是匪酋或匪幹？

　　黨外在美麗島家屬、辯護律師與黨外新生代的齊心努力之下，於 1980 年的中央民代增額選舉及其後的 1981 年縣市長、省市議員選舉中，逐漸恢復元氣，在蔣家政權的封殺之下，依然前仆後繼，一步一步踏實地前進！

Chap 1

《虎落平陽？選戰 官司 郭雨新》

林義雄、姚嘉文合著　自印　1977 年 8 月初版

台灣警備總司令部 69.9.24. 隆徹字第 4100 號函

主旨：查禁由叛亂犯林義雄、姚嘉文、張俊宏等三犯所
　　　著之《虎落平陽》、《護法與變法》、《從蘭陽到
　　　霧峰》、《我的沉思與奮鬥》、《景涵選集》等五
　　　種淆亂視聽、挑撥政府與人民情感書刊，請查照
　　　轉知、查照辦理。

說明：林義雄、姚嘉文、張俊宏等三犯之叛亂案，業經
　　　依法審訊判決確定發監執行在案，其前為鼓動遂
　　　行叛亂，所著內容偏激、顛倒是非、淆亂視聽、
　　　挑撥政府與人民情感之《虎落平陽》（林、姚合
　　　著）、《護法與變法》（姚著）、《從蘭陽到霧峰》（林
　　　著）、《我的沉思與奮鬥》（張著）、《景涵選集》（張
　　　著）等五種其影響民心士氣之危害作用，自亦應
　　　併案清除，以杜邪說。
　　　茲依據〈台灣地區戒嚴時期出版物管制辦法〉第
　　　三條第六、第七款及同法第八條之規定予以查禁。

選舉無師傅，用錢買就有。

台灣俗諺

你看，這不是「人掠，厝拆，雞仔鴨仔抓到無半隻」，人都已經被蔣政權「未暴先鎮」，擅加罪名，更以「媒體審判」方式，冠以「叛亂」之名，三人都被處以十二年有期徒刑；現在回過頭來連舊作都要加以查禁處分（函內甚至連出版者、開本、頁數等基本資料均省略），更可惡的是一函件即查禁五本。

林義雄‧姚嘉文合著，《虎落平陽》，1977 年 8 月。

《虎落平陽？ 選戰 官司 郭雨新》一書，兩位作者自兼發行人，初版因漏印印刷廠所，再以橡皮章加蓋：

發行人：林義雄‧姚嘉文

住　　址：台北市民生東路 14 號 2 樓

印刷廠：高山彩色印書有限公司

住　　址：台北市重慶北路 205 巷 82 號

版權所有‧翻印必究

書中主角郭雨新（1908~1985），宜蘭人。1926 年入宜蘭農林學校，1931 年入台北帝國大學（台大前身）就讀，1934 年畢業後至板橋林家的林本源興殖株式會社任職。1939 年赴中國上海經商，1946 年返台，1948 年加入青年黨。1950 年遞補爲省參議員，1951 年之後連任第一、二、三屆臨時省議員，之後又當選第二、三、四屆省議員。他站在人民立場爲弱勢之農工發聲，指摘黨化教育、黨國不分的軍公教，要求改善地方選舉風氣、保障人權、確保言論自由、省長應該民選、中央民代改選、赦免政治犯等；博得「小鋼炮」雅號，爲省議會「五龍一鳳」之一。1960 年參與「中國民主黨」組黨工作，後因蔣政權逮捕雷震，使得新黨無疾而終。又因省議會五虎將漸漸退出政壇，郭成爲 1960 年代台灣政治運動的領袖。1973 年參選監察委員，因蔣政權的打壓，他勸退支持者，以零票落選表達抗議。1975 年參選立法委員，蔣政權刻意推出黨友及作票令其落選，引發幾萬人齊上宜蘭街頭示威抗議。本書就是撰述郭先生參選 1975 年立委選戰及其後選舉官司訴訟的全部過程。郭雨新在台灣無法施展抱負下於 1977 年赴美，隨即在 1978 年宣布參選台灣總統。「美麗島事件」爆發後，他以「台灣民主運動海外同盟」名義，加入「台灣建國聯合陣線」營救美麗島事件被捕人士，同時投入美國〈台灣關係法〉的立法工作，出席美國國會作證。1985 年 8 月 2 日病逝美國華盛頓，8 月 14 日移靈回台，埋骨祖國台灣。

　　本書版面爲三十二開本，圖片、代序及前言有三十頁，

加上內文四三九頁，共有四六九頁。內容分別為第一編：
〈選戰篇〉與第二編〈官司篇〉兩部分。

　　〈選戰篇〉分為：第一章法律顧問，述及郭先生在
1975 年參與立委選舉登記前後及競選部署，常向宜蘭出身
的林義雄律師徵詢法律意見，並多次申言：「立法委員雖不
一定研習法律出身，但行事立法卻不可不徵求法律專家的意
見」，決定聘請廖銘義、姚嘉文、林義雄律師三人擔任競選
期間的法律顧問，林律師三人感受到郭先生言之有理且情意
誠摯，所以同意接受委任。

　　第二章競選活動，論及郭雨新此次選舉重心在本籍地
宜蘭縣，台北縣、基隆市只是靠其多年聲望，全力爭取游離
票而已。由於國民黨在宜蘭地區推出的邱永聰是蘭陽名醫，
曾任宜蘭醫院院長、宜蘭縣議會議長，待人誠懇，有「忠厚
長者」的風範；因此兩位候選人的人品學識，均無懈可擊，
要爭取更多選票，只能看誰的競選活動辦得成功，誰的政見
更能打動民心。郭雨新推出由張俊宏操刀製作的第一張「不
死的虎將郭雨新台灣民意的領航者」，背面是替百姓質問：
「完糧納稅終歲辛勞政府又為我們做些什麼？」第二張是
「現代民主國家應該有什麼？我們所看到的又是什麼？」
分別列舉從全民社會福利、國民自由出入境、司法獨立、言
論自由、集會結社自由、戒嚴不超過六個月、定期改選國
會、軍隊國家化……等二十個問題，來質問執政當局。孰料
執政當局尚未回應，選民還沒選擇之前；宜蘭地檢處已迫不
及待，對郭雨新的傳單發出警告書，指出其中的 2、3、4、

5、6、9、10、12、15、16、18、20 等，經查係屬虛構事實詆毀政府攻訐其他團體，因此給予警告處分。可笑的是：宜蘭地檢處這分警告函則證明了郭雨新文宣的「1. 全民社會福利：公務員本身之外，生、老、病、死自行料理。7. 資源國有，企業自由競爭：黨營企業壟斷國家資源。8. 青年學生關心時政：軍訓教官嚴格管制。11. 政黨經費自行籌募：國民黨經費列入各級政府預算之內。13. 充分的新聞自由：黨報、官報之外，兩家民營大報的老闆是國民黨的中央委員。14. 戒嚴令絕不超過六個月：長達二十七年的戒嚴。17. 政策失敗，政務官引咎辭職：再大的錯，笑罵由人，好官我自為之。19. 軍、憲、警超然國家化：黨政軍一元化。」這八項問題為真。因此「國民黨違法亂紀情事，宜蘭地檢處首席檢察官兼主任呂玉介發文證明其為正確」。

國民黨在〈選舉辦法施行細則〉第 79 條規定「非助選員不得助選」，這無疑是大唱民主的反調。國民黨提名人選可以動用黨、政、軍、特威脅民間團體加以支持；而黨外人士則動輒得咎，助選員隨時遭到「查水表」、「查稅」等優惠，還得忍受國民黨假造人民團體的文宣傳單「造謠與抹黑」（書內有「台灣地方自治促進會」、「天公廟」、「一群熱愛國家的縣民」等）。甚至在部分小學教唱〈邱永聰競選宣傳歌〉、舉行假投票、老師們紛紛拜訪學生家庭來鼓勵家長投票等等違法行為。

12 月 13 日晚上，郭雨新為答謝選民的支持，在宜蘭市步行沿門逐戶向大家表示謝意，大批民眾跟隨其後，形成遊

行隊伍，有人在事後這樣描述：

　　……在郭先生背後，是一大堆簇擁而立，跟著郭先生前進，形成示威行列的群眾，約有二萬人之多，……行列進行中，群眾不斷高喊：「郭雨新！當選！」……或「抗議落選！」……幾乎家家戶戶一看到郭雨新走近了，立刻燃放鞭炮，……民眾或者已充滿敬意，慰問的眼光，靜靜地看著郭先生走過，或者排開人群，直趨郭老，熱烈地和他拍肩、握手，在他們心目中，郭雨新是百戰不屈的老英雄。

　　……遊行隊伍繞經康樂街、新民路、文昌街、城隍街、聖後街、舊城北路、東港路、中山路、光復路，足足進行兩個小時多，到九點半左右才回到郭先生西后街三十號的住所……郭先生找到一把凳子，徐徐地站起來向群眾講話，馬上鴉雀無聲，人人摒息靜聽：「各位親愛的父老兄弟姊妹，今天能得到大家這樣熱烈的正義支持，雨新非常地感動，也非常地感激，這次的選舉結果，大家的心裡也是非常地明白，像這樣的落選，是不是光榮的？（群眾喊：光榮！光榮！）總之，事情已經過去，大家應該繼續為我們的鄉土努力，至於說今天要有什麼行動，我認為，吃虧的是我們的同胞，所以，我認為不必要。……最後我再次謝謝大家，並請大家一起跟我高呼：『台灣民主自由萬歲！』」

　　第二編〈官司篇〉是郭雨新為平息民怨，與法律顧問林義雄、姚嘉文討論之後再委任林、姚律師提出：當選無效之

訴（對林榮三）、選舉無效之訴（對省主席謝東閔）、妨害名譽之訴（對中國時報余紀忠）。

選舉無效之訴是以辦理選務之機構為被告：台灣省政府（即動員戡亂時期自由地區增加中央民意代表名額選舉台灣省選舉事務所），因其設於南投中興新村，因而向台灣高等法院台中分院起訴。1976 年 1 月 10 日，郭雨新提出起訴狀；高等法院台中分院接原告起訴狀後，即編列案號：六十五年訴字第六號，承辦推事審判長翁其榮，受命推事戴中流，陪席推事陳石獅，訂期於 2 月 6 日上午 9 時開庭。

首先，審判長要原告方面陳述所訴之聲明及證據；原告律師依據聲請狀及準備書狀的內容說明，請求法院調查證據及傳訊有關人士到庭。接著，被告律師也依照他提出的答辯狀說明一下。審判長聽完雙方的陳述之後，就將原告提出的證物逐一要原、被告雙方陳述意見；原告在陳述當中，一再對這些證物所顯現的疑問，要求審判長作進一步的調查，傳訊有關證人或調閱有關資料；但是，審判長胸有成竹，一概不加理會，只是迅速地要雙方律師就原告所提證物一一陳述意見。

提示完證物，審判長問原告代理人：「還有沒有什麼別的證據？」

姚律師站起來請求調閱投票所資料，查驗票箱。審判長冷冷地答道：「票箱不是我們隨便可以懷疑的。」姚律師仍不死心，再站起來請求依照聲請狀所述傳訊證人。審判長憤憤地說：「你想把北部的黨政要員都傳來嗎？」然後用力地

闔上他的六法全書，宣示：「本案辯論終結，……」這位本來應該是超然公正的法官，在整個審判過程中，可真稱得上「鐵面」，火氣比當時在法庭中任何一個人都大，好像整個法庭的人都是他的仇敵似的，當他憤然地退庭時，旁聽席上面面相覷，心中都充滿異樣的感覺。

五日後的 2 月 11 日宣示判決：原告之訴駁回。

讓我們再一次記下這三位不要臉法官的名字：**翁其榮、戴中流、陳石獅。**

妨害名譽之訴是因為競選期間，各家報紙的報導均很偏頗，尤其《中國時報》更是無中生有，造謠中傷。郭雨新認為這種大眾傳播界的敗類，如果不由國法給予適當懲處，天下將永遠沒有公是公非，因而在選舉官司告一段落後，自訴《中國時報》發行人余紀忠妨害名譽，希望以此訴訟促使報業反省與自律，因此在 1976 年 4 月 30 日向台北地方法院提起刑事自訴。

提出官司後，《中國時報》屢次派人來請郭雨新撤回自訴，均不得要領，最後撰寫該報報導的宜蘭記者，書寫一封道歉信給郭雨新：

雨新世伯大鑑：

去年立法委員競選期間，晚在宜蘭撰發新聞，刊於中國時報，在採訪時，或因疏忽，或因未經查證，致若干新聞內容有些不符，為世伯帶來困擾，謹此專函表示歉意。

晚　〇〇〇 ＸＸ

65 年 5 月 20 日

素重鄉情又有長者之風的郭雨新，接到同鄉晚輩的道歉信，也顧及這位記者的前途，當然只能選擇原諒，遂將自訴撤回。

　　有關當選無效之訴，郭雨新於 1976 年 1 月 6 日向台灣高等法院提出，高等法院以六十五年度訴字第二十二號，分配由第二庭承辦庭長李志青，受命推事金親公，陪席推事孫森焱承辦。1 月 20 日在台灣高等法院第一法庭第一次開庭，原告希望法院能夠接受要求，進一步調查證據，官司能不能贏，是很渺茫的事，但是能夠將這些違法競選的事揭發出來，在法庭上公開加以批判，是原告方的第一目的。1 月28 日第二次開庭，法院傳了三重市長鄭宗藝，許冥樹、王申文、林進清、楊淵、潘森榕、黃銘格等里長和林秋金、林種市民代表，三重市聞人李炳盛，世紀大飯店尤房經理，負責印刷中國民曆的昭美印刷洪金泉經理，瑪莉化工廠吳紹麟經理及主持中國民曆出版與分發的蔡簿等人到庭；訊問重點在於「市長宴客」、「分發民曆」、「分發肥皂」等三件事。2 月 7 日第三次開庭，法院傳了徐啓章市民代表，林新景、林福財、許文瑍，繼續追查市長宴客、民曆分發及肥皂分發等三件事。2 月 17 日第四次開庭，法院傳了國民黨台北縣黨部主委蘇鼎銘出庭作證，對原告方提出的證據，蘇主委一問三不知，推得乾乾淨淨，似乎活在另一個時空。

　　姚嘉文律師在最後言詞辯論中結辯說：

……我們今天在這個法律之下能夠有這個機會審判這個案件，我們覺得非常高興，至少我們作法律工作的人，覺得法律的尊嚴還是存在，不管法院今天的判決是怎麼判，不管林榮三今天能不能繼續在立法院作立法委員，這個權力在法院，也就是事實上在「法律之手」。

林義雄律師接著說出他的結辯：

……因為在去年立法委員選舉過後幾天，原告在家鄉宜蘭感謝選民的支持，幾萬個選民緊隨著原告，依依不捨，選民不斷地高呼：「郭雨新當選！」「郭雨新高票當選！」「郭雨新萬歲！」夠了，三十年來，原告為他所熱愛的選民所作的貢獻和犧牲，三十年來，原告為中華民國民主政治前途所作的奮鬥和爭取，所遭受的打擊和迫害，在這一夜之間，已經獲得了完全的報答和補償，當不當立法委員，都不足以增加或者減損原告目前在選民心目中的崇高聲譽，將來在台灣民主政治史上不可磨滅的地位，所以原告提起這件訴訟，目的並不在立法委員席位的爭取，而是對於三十年來，原告所深惡痛絕的賄選歪風以及選舉舞弊，向神聖的法院，向正義所在的廣大社會，提出無情的控訴。……

審判長！選舉訴訟不是原、被告之間田土債務的爭鬥，只關係著一己的利害，選舉訴訟所爭奪的是國家的名器，關係著國家的前途，民族的未來。所以原告代理人懇求審判長，在下最後判斷之前，將中山先生的理想，將我們的立國

精神，擺在第一位來加以考慮，勇敢地接受權勢的挑戰，公正地給賄選歪風嚴屬的打擊。

六天後的 2 月 23 日，判決內容：「原告之訴駁回。訴訟費用由原告負擔。」表面上是郭雨新敗訴，事實上卻是台灣輸了。

資深媒體人江春男（筆名：司馬文武）在國史館出版的《郭雨新先生行誼訪談錄》之〈樂觀豁達的紳士—江春男訪談錄〉（第335頁）如此評論這個官司：

國史館，《郭雨新先生行誼訪談錄》，2008 年 5 月初版。

郭雨新在立委選舉失敗後，開始對林榮三進行法律訴訟，在台北地方法院（筆者註：正確是台灣高等法院）審判時，整個過程非常有趣，買票的人說他不認識林榮三，可是證據上的地址是他家沒錯，他在當地住了十五年，卻不知道林榮三住在他家樓上？既然買票的人不認識林榮三，卻說覺得林榮三為人不錯才幫忙他印年曆。總之，這些都是胡說八道，令在場旁聽的人哄堂大笑。

《虎落平陽？》一書也明白指出：所有這些不合理現象

都是針對黨外候選人。《自立晚報》稱讚本書是「具有多種意義的真實故事，台灣民主政治史上的主要文獻」。本書在近五百頁內文，甚為用心的編輯入各種相關傳單、圖片、信函、國民黨的文件，同時在每篇篇頭運用俚俗諺語，文字平實，中規中矩，出版三個月已銷售至第三版。

姚嘉文律師在《護法與變法》一書中說：

這本書（《虎落平陽？》）發行後，也發揮了很大的教育作用，使一般人了解選舉法規及訴訟的內容，有更多的候選人開始懂得用法律來保障自己的權利，許多落選的候選人用這本書來作為進行選舉訴訟的參考書。我們希望這本書對台灣民主及法治有一些貢獻。

作者簡介：
姚嘉文介紹部分請參閱 Chap 4.《護法與變法》篇。
林義雄介紹部分請參閱 Chap 5.《從蘭陽到霧峰》篇。

《我的沉思與奮鬥——兩千個煎熬的日子》、《景涵選集》

張俊宏著 自印 1977 年 9 月初版

台灣警備總司令部 69.9.24. 隆徹字第 4100 號函

主旨：查禁由叛亂犯林義雄、姚嘉文、張俊宏等三犯所著之《虎落平陽》、《護法與變法》、《從蘭陽到霧峰》、《我的沉思與奮鬥》、《景涵選集》等五種淆亂視聽、挑撥政府與人民情感書刊，請查照轉知、查照辦理。

說明：林義雄、姚嘉文、張俊宏等三犯之叛亂案，業經依法審訊判決確定發監執行在案，其前為鼓動遂行叛亂，所著內容偏激、顛倒是非、淆亂視聽、挑撥政府與人民情感之《虎落平陽》（林、姚合著）、《護法與變法》（姚著）、《從蘭陽到霧峰》（林著）、《我的沉思與奮鬥》（張著）、《景涵選集》（張著）等五種其影響民心士氣之危害作用，自亦應併案清除，以杜邪說。

兹依據〈台灣地區戒嚴時期出版物管制辦法〉第三條第六、第七款及同法第八條之規定予以查禁。

a、《我的沉思與奮鬥——兩千個煎熬的日子》

他是一位「坐而言」的知識份子，也是一位「起而行」的政治行動者。

康寧祥，本書序文〈我看張俊宏〉

對我而言，《大學雜誌》是一份相當重要的啓蒙刊物。二十歲左右，在台中市公園路的舊書攤收購了數十期的《大學雜誌》，再加上購買其關係企業的環宇出版社所出版的張俊宏、許信良、張紹文、包奕洪等四人共著《台灣社會力的分析》、張俊宏《展望國是》及《放眼看選舉》、陳少廷編《五四運動與知識青年》、陳鼓應《殷海光最後的話語》、

張俊宏，《我的沉思與奮鬥》，1977年9月初版。

本刊編委會編著《今日的大學和大學生》及《這一代青年談台灣社會》等十多種單行本，在大量閱讀下令我對大學雜誌社務委員群有些認識，使得我對民主、自由與人權的信仰及理念逐漸成型。

兩千個煎熬的日子，對張俊宏而言，是指從 1971 至 1977 年，如同各章節所顯示：智者與權者的結合、

大學雜誌的式微、參加市議員選舉、曇花一現的台灣政論、懷念黃華、回顧與前瞻等。 1968 年元月，鄧維楨創辦《大學雜誌》，才不過是個台大畢業的學生，他是位耐力強韌且卓越的文化拓荒者，後來更創辦長橋出版社、《長橋雜誌》、《政治家半月刊》等文化事業，對台灣的文化工作相當有貢獻。當時在中央研究院近代史研究所從事口述歷史工作

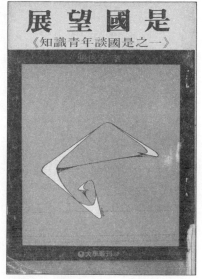

張俊宏，《展望國是》，環宇出版社，1973 年 8 月初版。

的張俊宏透過郭正昭的介紹，在第四、五期時，加入大學雜誌陣容，幫忙拉訂戶。

　　不料，在 1968 年底，因財務短缺因素，由鄧維楨找朋友接辦，對方開出無理條件；張遂決定想辦法籌錢，由原班人馬繼續辦雜誌。因此，從 1969 年起，張俊宏開始獨立承擔，而早期經費由他的堂弟張襄玉提供，他的大哥張育宏擔任發行人；不久之後他進入國民黨中央黨部出任幹事，遂把《大學雜誌》帶入國民黨中央黨部。而真正形成熱烈問政的參與運動是 1970 年下半年，美國尼克森總統派季辛吉密訪中國，「美中密談」對台灣的國民黨形成外交上的壓力；在內政上是蔣經國準備接班的時刻。以張紹文為首的台北青商

會高智亮、陳英傑等青年企業家，加上丘宏達、楊國樞等海內外青年學者連袂加入大學雜誌的陣容，社務委員最多達102人。

1971 年元月，《大學雜誌》改組完成的第 37 期以理性、溫和的方式，向國民黨表達青年人的政治意見。首先由劉福增、陳鼓應、張紹文聯名以〈給蔣經國先生的信〉，打開了爭取言論自由的先聲，他們公開建議蔣經國：

> 多接觸想講真心話的人。
>
> 提供一個說話的場所。
>
> 若有青年人被列入「安全記錄」而影響到他的工作或出國時，請給予申辯和解釋的機會。

1971 年 7 月第 43 期，由張紹文、許仁真（許信良）、包青天（包奕洪）、張景涵（張俊宏）共同執筆的〈台灣社會力的分析〉開始連載，引發社會各界討論，再結集成書，銷售四版之多。10 月第 46 期，由張景涵、陳鼓應、楊國樞、丘宏達、陳少廷等十五人聯名發表〈國是諍言〉，引發國民黨內保守派的不滿；陳少廷在 46 期刊登〈中央民意代表的改選問題─兼評周道濟先生的方案〉，首次提出全面改選的主張，已經牽涉到國民黨政府所忌諱的「法統」；接著，陳鼓應連續發表主張〈開放學生運動〉文章，也遭到黨國高層點名。當時，蔣經國順利完成接班，而退出聯合國的衝擊亦緩和下來。

青年學者如同烏鴉般的大鳴大放，已成為當權者耳中的噪音，甚至已被視為分歧份子。加上社務委員們因為「省籍情結」因素而逐漸分裂，可謂內外夾攻，最終導致張俊宏辭去國民黨中央黨部幹事一職，成為大學雜誌唯一專職者，但是交流管道斷絕，處境日益困難；張後來寄出黨證，正式退黨。

張俊宏等，《台灣社會力的分析》，1971 年 10 月初版。

1973 年張俊宏參加由黃信介、康寧祥立委支持和推動的台北市議員選舉，和陳怡榮、王昆和、康義雄組織黨外聯合陣線，在選舉過程中造成的高潮，刺激了國民黨，決心不惜代價來打擊聯合陣線，結果四人終告落選。

1975 年 6 月，黃信介任發行人、康寧祥任社長、張俊宏任總編輯的《台灣政論》月刊登記證通過，十分匆促地趕在 8 月正式創刊，第一期一萬本上市數天即銷售一空，隨即加印至第五版。創刊號內容從康寧祥〈如何促進台灣的進步與和諧〉及張俊宏〈變局裡該怎麼辦〉等文，就可看出是要求溫和的政治改革，促進族群的和諧，以建設合理化的民主社會。後來又加入政治犯黃華與張金策（前礁溪鄉長）擔任副總編輯。

《大學雜誌》與《台灣政論》基本上的差別：

1. 大學雜誌是青年問政運動和當權者經由合作、摩擦、分立的過程；台灣政論則由分立到對立，以及抗衡的過程。

2. 大學雜誌是以知識份子為主的雜誌；台灣政論完全由從事地方選舉運動的人士來主辦。

3. 主辦人的色彩難免影響到雜誌的色彩，台灣政論比大學雜誌更重視現實的政治問題。

4. 台灣政論的主辦人清一色是台灣人，與大學雜誌不分省籍的情況不同。

《台灣政論》在 1975 年 12 月出版第五期〈選舉特大號〉後，因刊登邱垂亮〈兩種心向—和傅聰、柳教授一夕談〉一文，違反出版法第四十條第一項第三款，被台北市政府以府新一第61972號處分停止發行一年，同時扣押其出版品。1976 年 1 月 6 日，國民黨萬年立委陳顧遠率蕭天讚、李東輝、蔡萬才、劉松藩、楊登州、華愛、蔡友土、黃澤青、邱家湖、呂學儀、謝深山、陳幼石、吳金贊、李長貴、周文璣、李志鵬、張瑞妍（以上為台灣補選之增額委員）等 35 人向行政院書面質詢，要求徹查《台灣政論》相關人員是否觸犯刑法第一百條及懲治叛亂條例第六、七條之規定，就是停刊及扣押處分還不夠，還要把《台灣政論》相關人員判刑坐牢才滿意。

2月9日，《台灣政論》北美總代理賴義雄與十四位留美學人、僑胞共同發起簽名，致函蔣經國，籲請：

立刻取消《台灣政論》的停刊處分，准予繼續出版。

尊重《台灣政論》有關人員及寫作者的人權與憲法所賦予的權利，不得藉故予以拘捕或迫害。

雜誌被迫停刊，再撤銷登記證，變成永久停刊。張俊宏與黃華只能淪落到西門町，開家名叫「相見小喫」的麵店，賣起排骨麵和甜不辣，勉強度日；不料，情治單位又是幾日內對房東查一次戶口，對左鄰右舍警告麵店的人有問題，讓他們怯步。7月27日，黃華第三次被捕，張俊宏苦撐數月，至11月才將店面轉讓他人，結束近一年的賣麵生涯。

康寧祥在其回憶錄《台灣，打拼》說：

《台灣政論》……，至少有三點是具體可見的，第一是傳承先人經驗，發現台灣人的尊嚴……；第二項作用是交流與結合……；第三種作用，也是最難得的影響

康寧祥，《台灣，打拼》，允晨文化，2013年11月初版。

是對青年學生的啟蒙，很多後來從政的「黨外新生代」，都是從閱讀這份刊物開始。（參見 192 至 193 頁）

1978 年 11 月出版的《大高雄》雜誌革新第四期刊登林木松撰寫〈選舉書籍個論〉一文中，談及本書：

……在《大學雜誌》時代，張俊宏是積極參與者之一，因此，其所留下的一些紀錄自然有很高的可信程度。但不容諱言的，張俊宏仍然不是一個完全忠於事實的紀錄者，因此，有關《大學雜誌》時代的歷史，可能還需要聽聽陳少廷、陳達弘、陳鼓應、楊國樞等人的意見。

……「中智階級」在他書中可以看出，他並未將這個名詞做適當的定義，只是抄美國六○年代的口號，他無法說明為何他在「中智階級」較多的台北市選不上市議員，而卻在「中智階級」較少的南投縣當選省議員；當他在不能解釋之餘，他便將一切推給「國民黨作票」，這是極無政治水準的理論，「中智階級」難道笨得連作票都抓不出，這種「智」在何處？

……對於張俊宏，他在挫折時更形銳利，在被凌辱時更形堅強，已有了舊知識份子可貴的風骨，值得期許的是，他應更努力地找出需要服務的對象，使思想更形透澈明晰，則獲得更大的成就才有可能。

台大歷史系周婉窈教授在 2009 年 8 月 5 日於陳文成博

士紀念基金會「我的 31 歲」接力撰寫徵文，以〈尚待定義的我的三十一歲、尚待定義的台灣〉一文，告訴我們一些秘密：

我升大四那年（一九七七），黨外運動有個大突破。該年十一月舉辦「自由地區五項地方公職人員選舉」，黨外人士表現相當出色，獲得四席縣市長，二十一席省議員，六席台北市議員，一百四十六席縣市議員，二十一席鄉鎮市長。這也是張俊宏先生以省議員身分進入政壇的處女航，選前在陳菊的引薦下，我替張先生整理出一本書來，就是《我的沉思與奮鬥—兩千個煎熬的日子》，據說有助於張先生的選舉。這是我第一次替候選人捉刀，當 Ghost Writer。（文見周婉窈著《島嶼的愛和向望》，21 頁，玉山社，2017 年 3 月初版。）

b、《景涵選集》

新生代的心音和脈搏是世界性的，他們的需求遲早將會成為怒濤排壑的力量，讓我們提早迎導它，因為光明已經在望！

張俊宏《景涵選集·自序》

《景涵選集》分別是張俊宏在《大學雜誌》、《台灣政論》和《這一代雜誌》所發表的政論文章編輯而成的專書。其中的〈消除現代化的觀念障礙〉、〈國是諍言〉、〈論人

張俊宏,《景涵選集》,1977 年 9 月　　《這一代》雜誌第 18 期,1980 年 5
初版。　　　　　　　　　　　　　　月號。

事與制度〉、〈論生存外交〉、〈古代御史制度的現代意
義〉、〈展望新時代的來臨〉、〈論中國之前途〉等文,曾
結集為《展望國是》一書;而〈放眼看選舉〉、〈二十五年
台灣選舉史的探討〉兩文,曾在他編著的《放眼看選舉》一
書刊登。可惜的是,《展望國是》與《放眼看選舉》二書分
別在 1973 年 7 月及 1974 年 2 月遭到警備總部以違反〈台灣
地區戒嚴時期出版物管制辦法〉第三條第五、六、七款為
由,予以查禁處分。

　　我們可以從本書裡,看到一位知識青年對國家、政府與
社會,那種求好心切的情操與胸襟;尤其在所謂「莊敬自強
處變不驚」的風雨年代,展現了一位認同這塊土地並急切地
想積極參與,希望國家、政府與社會能夠走向遠大、光明前

程的知識份子，他「知無不言，言無不盡」的大公無私的精神與熱忱。

第一篇是「觀念的探討」：對於「以安定中求進步」的治國理念，他認為已經不夠，而是要「以進步尋求長遠的安定」的新觀念來突破目前的困境；接著以現代化的開放國家來容納各種不同的見解，使得國民的智慧可以毫無阻礙地發揮其應有功能。當政者必須有恢宏氣度來包容異見，建立開放的社會，而使民智得以茁壯，國力得以增強。

第二篇是「制度的建立」：基於「以進步尋求長遠的安定」的理念，來討論國家在變局中的自強之路。他首先要求政治革新應該從心理建設的層面開始，即是由吸收新生代和更新制度，以全新的面貌來推動國家的建設。例如：政府將國防預算列為最高軍事機密，但今日的戰爭已經是以經濟、政治、社會、思想、軍事等等的全方位戰爭，不可能只仰賴軍事而已。作者更認為應改採精兵主義，理由是要根據現代軍事學與台灣的戰略狀況，擬定出一套新建軍方案，來運用現代化配備，強化具有攻守能力的國軍部隊。

民主國家之所以與開發中國家的差異，主要是法治與人治的區別；要使國家能夠進步來尋求長治久安，法治制度是一項最基本而需要的；因此，行政的法治化、獨立的司法、中央民意代表的定期改選、監察權的強化、確立合理的人事制度等等，都要在短時間盡快建立，來求得國家的長治久安。

第三篇「選舉的檢討」：其中〈二十五年來台灣選舉史

的探討〉是在闡明，「選舉」在民主政治上最重要的意義乃是原有統治力量向反對力量藉著妥協的行為，以達成共榮共存的一種制度。傳統中國的統治者並不習慣於和反對者居於平等的地位來相互妥協，統治者當面臨挑戰出現之時，在手足無措之下，只有採取屠殺的途徑。

以「數」人頭代替「打破」人頭，以「選票」代替「槍彈」，乃是人類進化史上擺脫不幸的一項重大發明，今天我們接受了這種制度，開始將之種植在我們自己的國土，也是一件極為重要的大事。

二次大戰後的二十五年來，台灣的選民及候選人有幾個階段性的變化，是循著社會結構的變動而變化。它們分別是：第一階段：純樸期（1946~1950 年），屬於間接選舉時期，可稱參議會時代，社會背景是純樸農業社會。第二階段：汙染期（1950~1968 年），由間接步入直接選舉時期，即民主的起步階段，社會背景由農業轉入早期工業社會時期。第三階段：覺醒期（1968~），透過各種社會力量對選舉公平的要求，逐漸步上軌道。

張俊宏語重心長地要求執政當局正視，大量的中產階級是推動民主政治，追求公平正義的主幹，更是維護現狀的主力；勿放任黨工敗壞選風，應提拔青年才俊進入各級議會，因為選舉假使不能使一種具有推動社會朝向更理性化的人物出頭的話，選舉制度便無法發揮鞏固政權、增強民眾向心的功能。

第四篇「社會的分析」：仔細觀察當前台灣社會現狀，

而其中〈台灣社會力的分析〉一文，曾在《大學雜誌》連載，引發社會的注目，後來編輯成書也銷售了四版之多。台灣很多早已存在的問題，都因為諱疾忌醫而掩蓋在檯面下或視而不見，然而問題還是存在著，並不會因為無人討論或因為你的忽視而自動消失；反而是應該藉著問題的討論，集思廣益地找出解決辦法才是正確。

附錄中的〈台灣社會力的分析座談會記錄〉，有各位專家提出各種看法。例如當時擔任農村復興委員會農業經濟組組長的李登輝前總統，就報告內容提了四點建議：

一、由於研究題目非常大，對社會力分析的研究不習慣的人會以為此中批評了某一份子。事實上，它想要指出這個社會裡哪一個份子具有安定的作用。因為一個社會的安定是要每一個份子來維持。為了避免上述的誤會，我建議作者應該透過分析，再提出具體的意見。

二、這篇文章裡，漏了對台灣的醫生在政治上、經濟上的領導作用的分析。

三、關於農村問題，如「農村萎縮造成了社會問題」，這話本身和現在農業問題發生的實際原因並不吻合。

四、關於知識青年的部分。這篇文章對個別的知識青年的心理狀態描寫得很有意思，但是心理的分析應該要有一個較為客觀的標準，特別是知識份子之心理狀態非常複雜，不能以作者的主觀態度決之。（p.100~101）

第五篇「前途的展望」：對於如何建設國家，作者提了論述。在〈論中國之前途〉一文，作者們期許：

我們所憧憬的統一強大乃是富足的、開放的、公平的、人道的、自由的社會。……中共數十年統治所貫徹的乃是貧窮的、閉鎖的、無知的、暴力的恐怖社會，他所創造的文化也是毛語錄神教式的文化。……在台灣建設一個中國人所理想的樂土，相信必能給七億中國人帶來具體的信心和希望，只要能鼓舞和點燃這希望，則必能產生使中國的統治結構徹底改變的力量，只要此要求改變的力量在內部逐日地壯大，則中國的現代化才有明朗的前途。

　　林木松在〈選舉書籍個論〉（《大高雄雜誌》革新第四期，1978 年 11 月出版，第 64~67 頁）說：

　　一個對實際政治工作有強烈興趣的人，除非有絕大之智慧才力，否則對一般理論的思考水平難免無法周延，此其一。而一個有理論癖好者，其所以倡行某種理論，多數可反映出政治的階級觀，此其二。根據這兩項標準來評量張俊宏的一些基本政治見解，則可發現其在前進與倒退中瞻顧失依，而仍在基礎上是「貴族知識份子」的本質。

　　例如，在〈二十五年台灣選舉史的探討〉中，他採取了和自立晚報《台灣民族運動史》以及楊肇嘉所著《楊肇嘉回憶錄》同樣的解釋觀點，認為光復後初期以地主知識份子結合體的選舉時代是最和諧的時代，這顯然是欠缺了對當時台灣社會政治經濟現實所作的「向前推演」，充分顯示出地主貴族性格的復辟。

作者簡介：

張俊宏，1938年生，台灣南投縣人。台灣大學政治系學士、政治研究所碩士。曾任《大學雜誌》執行人、《台灣政論》總編輯。1977年當選第六屆台灣省議員，1979年任《美麗島》雜誌總編輯，因「美麗島事件」入獄八年。1988年創辦台灣政治經濟研究室，之後歷任民主進步黨秘書長、代理主席、中常委，第二至第五屆立法委員、財團法人海峽交流基金會（海基會）副董事長等職。

《護法與變法》

姚嘉文著　自印　1978 年 11 月初版

台灣警備總司令部 69.9.24. 隆徹字第 4100 號函

主旨：查禁由叛亂犯林義雄、姚嘉文、張俊宏等三犯所
　　　著之《虎落平陽》、《護法與變法》、《從蘭陽到
　　　霧峰》、《我的沉思與奮鬥》、《景涵選集》等五
　　　種淆亂視聽、挑撥政府與人民情感書刊，請查照
　　　轉知、查照辦理。

說明：林義雄、姚嘉文、張俊宏等三犯之叛亂案，業經
　　　依法審訊判決確定發監執行在案，其前爲鼓動遂
　　　行叛亂，所著內容偏激、顛倒是非、淆亂視聽、
　　　挑撥政府與人民情感之《虎落平陽》（林、姚合
　　　著）、《護法與變法》（姚著）、《從蘭陽到霧峰》（林
　　　著）、《我的沉思與奮鬥》（張著）、《景涵選集》（張
　　　著）等五種其影響民心士氣之危害作用，自亦應
　　　併案清除，以杜邪說。
　　　茲依據〈台灣地區戒嚴時期出版物管制辦法〉第
　　　三條第六、第七款及同法第八條之規定予以查禁。

我發現只有大事改革政治體制，修改憲法，改組國會才是我們的出路。

姚嘉文〈本書自序：我爲什麼競選國大代表〉

《護法與變法》出版於 1978 年 12 月那場因「美中建交」而停止舉行的選舉前夕，不到二年後的 1980 年 9 月 24 日警備總部以隆徹字第 4100 號，違反〈台灣地區戒嚴時期出版物管制辦法〉第三條第六、七款爲由，予以查禁。

打開本書，蝴蝶頁上黃信介立委題簽給姚嘉文的「黨外大護法」霍然跳入眼簾；康寧祥立委在〈「根」的探索者〉序文中說：

姚嘉文，《護法與變法》，1978 年 11 月 1 日初版。

姚嘉文律師，這幾年來，不但以他「律師」的身分極力爲大家爭取法律上的各項權利，以他的法律專業知識協助大家處理當前的各項政治問題；而且由於他曾經在大學講授「憲法」，對國家的根本問題有深入的研究，所以他找出一切問題的「根」—「憲法」與「國會」。

他在《護法與變法》這本書中，探尋當前變局的基本解決方法—「修改憲法，改組國會」。

姚律師在自序〈我為什麼競選國大代表〉之中表示：

今天，我們要打破台灣政治發展的滯礙與僵局，只有從「變法」著手，修改現行憲法，改組國會，才能刺激台灣民主政治的迅速發展，我認為這個工作，必須在國民大會從憲法的革新工作做起。

我不計較個人權益，我決意競選國大代表。我寫下《護法與變法》這本書，表明我奮鬥的經過，以及我對台灣前途的理想與希望。

本書分〈護法篇〉及〈變法篇〉兩部：

〈護法篇〉述及《台灣政論》籌備創刊時，姚律師受邀加入雜誌編輯工作，更提供召開編輯會議場所，而正式參加編輯工作，最後再被聘請為法律顧問。《台灣政論》第二期（1975 年 9 月號）姚嘉文以〈高普考還要論省籍？—186 比 1 的差異〉一文，引發社會各界討論，據說還引起當時擔任行政院長的蔣經國在立法院拍桌指責姚嘉文挑撥本省人與外省人的感情。姚文抗議的是：考試法中按省區分配名額的落伍原則，且無人達到錄取標準之省區，還給予降低十分的優惠，相當不公平。可惜考選部不敢明言事實，一味掩飾，行事不依法律，完全違背「依法行政」的原則。

姚嘉文於《台灣政論》第五期（1975 年 12 月號）刊登〈憲法與國策不可以批評嗎？〉，就憲法而言，姚嘉文說：

對於現行憲法的批評，並不是甚麼值得奇怪的事。……最先對現行憲法公開提出抨擊的，是前最高法院院長謝瀛洲博士，他在所寫的《中華民國憲法論》一書中，批評現行憲法，不依國父遺教精神，是「掛羊頭賣狗肉」的憲法。

關於戒嚴法問題，姚嘉文以為：「宣布戒嚴並非總統一人之職權，必須經過行政院及立法院之同意。至於解嚴時，固然應由總統就戒嚴之情況終止時，宣告解嚴，但仍應經行政院先行決定。如果立法院認為必要時，亦得決議移請總統解嚴，……所以立法委員候選人在競選時就解嚴的問題發表意見，不能認為有侵犯總統的職權。」姚嘉文在有關批評國策問題說：「政策問題，以民主國家而言，政府的政策乃是由人民的代表或者由人民所選出來的首長來制定的，所以在積極的意義上，民主國家的國策乃是由人民間接制定的。另方面，人民也可以透過公民投票直接否決政府的政策。因此民主國家的人民既然可以依法制定國策，否定國策，當然批評國策的意見絕沒甚麼不可的。」

1975 年 12 月 27 日，台北市政府以府新一字 61291 號出版品行政處分書，認定《台灣政論》第五期所刊登邱垂亮撰〈兩種心向─和傅聰、柳教授一夕談〉一文，其結語顯屬煽動他人觸犯內亂罪，經行政院新聞局核定為違反出版法第

三十二條第一款之規定，應依同法第四十條第一項第三款之規定予以定期停止發行一年之行政處分，並在四日後的 12 月 31 日再函台灣政論雜誌社表示「同時扣押其出版品」。姚律師於 1976 年 1 月 12 日向行政院新聞局提出訴願書，行政院新聞局在 2 月 6 日寄來訴願決定書，主文是：「訴願駁回」。姚於 2 月 28 日提起再訴願，行政院在 4 月 9 日回函：再訴願駁回。最後，《台灣政論》被國民黨政府以副總編輯黃華被捕爲由撤銷雜誌登記證，而無法繼續發行。

　　由於懂得使用法律對抗，國民黨政府查禁書刊再也不敢草率，因爲人民提出訴願之後，行政機關必須製作書面決定並詳附理由，若無相當理由將會暴露國民黨政府濫權及妨害言論自由的事實。因此，國民黨政府以後查禁書刊雜誌，盡量不用行政處分（出版法），改由警備總部出面查禁（軍事管制），人民連訴願的機會都沒有了；但是運用警備總部查禁，也要有個限度，用久了還是有反彈的。

　　《台灣政論》遭到停刊之後，打擊接踵而來；先是康寧祥《問政三年》一書被禁，副總編輯張金策被依貪汙案判刑十年（上訴中），另一副總編輯黃華則遭到情治

康寧祥，《問政三年》，1975 年 12 月再版。

人員一再騷擾（後來被捕判刑），總編輯張俊宏也處境堪危。

　　虎將郭雨新在 1975 年參與立委落選，選舉官司也敗訴，郭雨新的支持者以「虎落平陽被犬欺」來自我解嘲，姚和林義雄律師分工合作，由林撰寫選戰部分，姚則撰寫官司部分，把此事件的是非留給讀者們去判斷；《虎落平陽？》一書在 1977 年 8 月 25 日出版，旋即銷售一空，造成社會議論。8 月 26 日，《自立晚報》記者撰寫一篇短評，稱《虎落平陽？》一書「將成為研究台灣民主政治史上一種主要的文獻」。本書之發行，有發揮教育作用，讓一般人了解選舉法規及選舉訴訟內容，使更多候選人開始懂得用法律來保障自己的權利，落選的候選人也可用來進行訴訟的參考書，因此對台灣的民主及法治有一定的貢獻。

　　1977 年 11 月 19 日，地方五項公職選舉揭曉，姚律師擔任十三位候選人的法律顧問，有許信良、林義雄等九人當選。中壢因桃園縣長選情激烈緊繃，且因選務人員不公，加上檢警調又沒有秉公處理，引發民怨，釀成民眾火燒中壢警察分局的事件。姚以為選民縱火固然不對，但其原因是因治安人員不制裁作弊人員，才導致不

姚嘉文・林義雄合著，《古坑夜談》，1978 年 9 月初版。

幸的事件，選民依法請求治安機關執行法律被拒絕，才會以自力對付，實在是不幸的事件。姚律師又參與邱奕彬偽證案（法律顧問）及中壢分局燒煆案辯護律師。另外，姚林兩律師還參與雲林縣長候選人黃蔴的落選官司，而共同撰述《古坑夜談一雨傘下的選舉》一書。

　　1978 年 3 月 18 日晚上，林正杰與張富忠兩位撰寫的《選舉萬歲》一書，在裝訂廠裝訂完成第一批書，台北市政府新聞處曹組長及政大訓導長（林正杰當時是政大研究生）來裝訂廠「借書」（晚上 21：45），姚也同意出借。不料，在回家之後不久，接到張富忠的電話，大批警察奉警總命令準備查扣《選舉萬歲》。待康寧祥、張德銘及姚嘉文趕至裝訂廠已被包圍，北市新聞處曹組長拿出公文。

受文者：桂冠圖書公司

日　　期：六七年三月十八日二十三時

字　　號：(67)謙旺字第一一四一號

主　　旨：桂冠圖書公司總經銷林正杰、張富忠合著《選舉萬歲》乙書違背反共國策混淆視聽依法查禁，請查照。

說　　明：

一、台北市羅斯福路三段三三三巷十四號二樓桂冠圖書公司總經銷由林正杰、張富忠合著《選舉萬歲》乙書（三十二開全乙冊共四四七頁內容分一至八章中華民國六十七年三月初版）內容違背反共國策混淆視聽，核已違反台

灣地區戒嚴時期出版物管制辦法第三條第五、六款之規
定依同法第八條之規定應予查禁。
二、請依權責轉知各級學校警察單位社教機構圖書館等清查
　　報繳。

總　司　令　　　　鄭　為　元
陸軍二級上將

　　姚律師看完公文，問道：「一、公文上說要查禁書，
這裡都是沒裝訂好，還不是書，不能查禁。二、只說『查
禁』，沒說扣押，『查禁』與『扣押』不一樣，你們沒有扣
押令，依法是不能扣押的。現在，我們暫時不裝訂，等警總
看哪一頁不行，哪一頁就抽掉。總不能說每一頁都『違反反
共國策』和『混淆視聽』啊！我是林正杰的律師姚嘉文，他
是張富忠的律師張德銘，我們代表兩位作者，接受命令不
發行這本書。你們『查禁』的工作已經完成了，可以走了
吧！」

　　幾度溝通之後，分局長仍執意要扣押，下令警察以人海
戰術搶書，姚律師因此請分局長開收據，分局長答應搬完就
寫，但搬完後卻賴皮說，書直送警總，要收據找警總。後來
才了解：警政單位不肯給收據的原因，是他們事後也不敢承
認有查扣的事實。翌日，裝訂廠老闆收到蓋了「台灣警備
總司令部政治作戰部第二處」橡皮章的兩張收據，上寫：
「收到保昇裝訂廠繳來《選舉萬歲》散裝本……」一張約
二千七百冊，另一張約七千冊，不敢承認是派警察強搶來

的，反而說是裝訂廠送繳的。警總於 3 月 18 日查扣後，一直封鎖消息，拖到 3 月 29 日才見報；《選舉萬歲》一書，台灣島內「物以稀為貴」，叫價每冊千元以上，還要找對門路才能買到。不久，海外出現《選舉萬歲》盜版，轟動全球，有一部分再回流台灣。

同年五月，《富堡之聲》革新號出版（名譽發行人黃順興、社長洪誌良、法律顧問林義雄、姚嘉文），深受讀者喜愛，引發警總注意，來函要求送雜誌一本備查，隨後即以「內容不妥」之理由下令查禁；5 月 18 日，姚律師以雜誌社法律顧問名義致函警總等相關單位，要求警總解釋哪篇文章或哪段話有問題，來做為該雜誌審核編輯的依據。諷刺的是，彰化縣政府於 5 月 27 日發函，以《富堡之聲》內容與原登記旨趣不符，情節嚴重為由，給予定期停止發行一年的行政處分。

當時社會上開始流行一個「七君子」的說法，即陳菊、林正杰、張富忠、姚嘉文、王拓、何文振、李慶榮等七人（有一說是許一文取代何文振）是警備總部的問題人物。雖然風聲鶴唳，大家都處之泰然，直到陳菊在 6 月 23 日於彰化縣埔心鄉羅

姚嘉文，《景美大審判》，2000 年 4 月。

厝教堂郭佳信神父處遭到逮捕，氣氛才又緊張起來。陳菊長期擔任郭雨新秘書，是黨外圈的活躍人物，因為介入《選舉萬歲》與《富堡之聲》的編輯、發行工作，惹火治安當局，遂以保有歷年已釋放叛亂犯名單及多種反動不法文件、書刊之理由將她逮捕。孰料，陳菊在 7 月 6 日突然戲劇性地出現在電視上與中外記者會晤，治安當局宣布保釋，更邀陳菊前往金門與台灣各地參觀。

　　這段記載「黨外初期」（1975~1978）奮戰的歷史事件，詳實地留下這些民主前輩一步一腳印，努力在國民黨的賤招盡出、威脅、恐嚇、造謠等的情況下，仍能團結一心為追求台灣的民主與自由，共同打拼。

作者簡介：姚嘉文，1938 年生，台灣彰化人。台大法律系及法律研究所畢業，美國加州柏克萊大學研究。曾任考試院長（2002~2008）、海洋大學兼任副教授、台灣國家聯盟總召集人（2008~2014）。現為清華大學、輔仁大學等校兼任副教授。1979 年因「美麗島事件」被捕，黑牢七年苦心孤詣完成七部長篇歷史小說《台灣七色記》，其中《黃虎印》更多達一一六八頁，堪稱最大部頭的歷史小說，並被改編成歌仔戲於國家戲劇院上演。早期作品有：《虎落平陽》、《古坑夜談》（此兩書與林義雄合著）、《黨外文選》（與陳菊合編）、《護法與變法》、《愛情與法律》等。曾任民主進步黨第二任主席。

《從蘭陽到霧峰 ── 瞧這個省議會》

林義雄著　自印　1978 年 11 月初版

台灣警備總司令部 69.9.24. 隆徹字第 4100 號函

主旨：查禁由叛亂犯林義雄、姚嘉文、張俊宏等三犯所
　　　著之《虎落平陽》、《護法與變法》、《從蘭陽到
　　　霧峰》、《我的沉思與奮鬥》、《景涵選集》等五
　　　種淆亂視聽、挑撥政府與人民情感書刊，請查照
　　　轉知、查照辦理。

說明：林義雄、姚嘉文、張俊宏等三犯之叛亂案，業經
　　　依法審訊判決確定發監執行在案，其前為鼓動遂
　　　行叛亂，所著內容偏激、顛倒是非、淆亂視聽、
　　　挑撥政府與人民情感之《虎落平陽》（林、姚合
　　　著）、《護法與變法》（姚著）、《從蘭陽到霧峰》（林
　　　著）、《我的沉思與奮鬥》（張著）、《景涵選集》（張
　　　著）等五種其影響民心士氣之危害作用，自亦應
　　　併案清除，以杜邪說。
　　　茲依據〈台灣地區戒嚴時期出版物管制辦法〉第
　　　三條第六、第七款及同法第八條之規定予以查禁。

民主是辛苦的，它不但要求我們做決定，而且也要求我們對自己的決定負責。許多人因爲害怕而放棄了，他們不會是我的同胞，因爲，只有偉大的人民才配擁有偉大的國家。

林義雄〈本書自序—轉捩〉

　　撫摸著《從蘭陽到霧峰—瞧這個省議會》的封面，突然有一股心思，好想回到 1978 年黨外時期那段「朝氣蓬勃」的年代。「中壢事件」剛過，許信良擔任桃園縣長的第一年，蔡介雄、邱連輝等老鳥帶著張俊宏、林義雄等新兵在省議會論政，蔣經國遂不得不使出「以台制台」招式，派出林洋港擔任省主席，因而有記者宣稱：「省議會閉口的獅子開口了！」

林義雄，《從蘭陽到霧峰》，1978 年
11 月初版。

我保存的這本林義雄《從蘭陽到霧峰》，是 1978 年在台中宏昌書局購買的初版，於 1993 年參加台灣筆會辦舉辦月會邀請林義雄先生演講，我攜書前往、並請林先生題簽。

　　這本書是林先生擔任省議員第一年的成績單，由於國民黨利用御用電視與報紙媒體大肆抹黑，黨外人士成為妖魔鬼怪及共匪的同路人，他在本書〈自序─轉捩〉中說：

　　一年來，我抱著這些信念，執行省議員的職務，誤會曲解紛至沓來，這本書記述了這段時間裡我大部分的言行。我希望我的同胞能給我公正的評價。

　　這本書的出版，田秋菫小姐、邱義仁先生都奉獻了相當的智慧和辛勞，把他們的智慧、理想和文筆融合在這本書裡；如果讀者喜歡這本書，請別忘了他們也是作者。我更感謝我的親友和許多認識與不認識的選民，由於他們的愛護、鼓勵和支持，使我能敬謹認真地從事省議員的工作並完成這本書。

　　誰能料想到，這是林先生從政的第一本報告書，卻也是最後的一本，因為翌年發生的「美麗島事件」，讓他遭到國民黨逮捕，甚至為殺雞儆猴而發生「林宅血案」，造成林母及雙胞胎女兒亮均、亭均三死及大女兒奐均重傷的慘劇。因此完全改變台灣及林先生的未來。

　　《從蘭陽到霧峰》內容由第一篇〈噶瑪蘭的後代〉和第二篇〈霧峰‧省議會〉，加上幾篇附錄所組成。〈噶瑪

蘭的後代〉分別為第一章「虎落平陽？」、第二章「抓鬼運動」、第三章「蘭陽風雨」等。〈霧峰‧省議會〉由第一章「就職典禮」、第二章「內規修正」、第三章「部門質詢」、第四章「預算審查」及第五章「省政總質詢」等。

由於在 1975 年擔任郭雨新參與立法委員選舉的法律顧問，郭雨新因為國民黨的「作票」而落選。為安撫支持者，提出兩場選舉官司，但因為**「法院是國民黨開的」**（大黨棍許水德名言），「敗訴」屬理所當然。民間以虎將郭雨新落選是「虎落平陽被犬欺」來形容。林先生與姚嘉文律師是法律顧問及選舉官司的訴訟代理人，對整個事件有充分了解，同時也保存不少原始資料，遂決定將這段史實撰述成書，讓世人及後代去評判—是不是虎落平陽？這就是《虎落平陽？—選戰！官司！郭雨新！》一書的誕生的由來。

在《虎落平陽》的〈後記〉，林先生憂國憂民的心思躍然紙上，以美國第三任總統湯瑪斯‧傑佛遜的名言：「我在神壇前立過誓，對於任何形式壓制人心的暴政，永遠反對！」來自我要求，同時以兩段話表明其基本政治理想和從政的決心：

我於初中時代，偶讀美國開國先賢傑佛遜總統《民主言論錄》，對民主自由始生憧憬。高中時，研習中山先生遺教，更深信欲杜絕歷代政權更迭所造成血流成渠、民不聊生之慘境，必須移植西方民主法治之思想及制度於斯土，遂立志為民主法治之前途略盡棉薄。迨執行律師業，仰事俯蓄，

困於家累，俗務纏身，疲於奔命，雖宿志未改，惟總覺力不從心，午夜思維，常嘆奈何。

民國六十三年旅美，甫抵華盛頓，即進謁傑佛遜紀念堂，徘徊瞻仰，感觸良多，久蟄之心，似已復蘇。翌年，鄉前輩郭雨新先生競選立委，乃慨然受聘擔任其競選期間之法律顧問及選舉官司之訴訟代理人，並因此得能體驗全盤選戰及訴訟之經過；深覺所謂民主法治，非僅未在此土生根，且其初生之嫩芽，仍隨時可能橫遭摧殘毀滅，有識之士，如仍自甘緘默，以明哲保身為戒，則勢危矣！

因此，林先生以「笨鳥先飛」自況，決心投入 1977 年宜蘭縣省議員選舉。本書第一篇的第一、二、三章，由他參與郭雨新競選立委落選及選舉官司敗訴、撰述《虎落平陽？》一書，乃至決定參加省議員選舉的各式各樣競選活動，包括立委黃信介、康寧祥和國大代表黃天福等人專程到宜蘭來演講助選，姚嘉文律師甚至將戶籍遷至宜蘭擔任助選員，迄至 11 月 19 日晚上接近 11 點，中廣宜蘭台宣布林義雄以 73,617 票，最高票當選的全部過程。同時，也為郭雨新的立委落選洗雪恥辱，討回公道。

第二篇霧峰・省議會，第一章〈就職典禮〉中，林先生描述 1977 年 12 月 20 日第六屆省議員就職典禮上，最主要的貴賓應該是推選議員的主人─散處四方的農民、工人、漁民等等……他們的代表應該坐的位子，卻被（國民黨）黨部主任、主委、軍團司令等人占了去。而且監誓人台灣高等法

院院長周旋冠先生的席次卻屈居在內政部長之下，顯示仍然存著「誰官大，誰重要」的封建觀念。「尊重司法」、「人民才是國家的主人」等等，在國民黨威權體制下，只不過是說給別人聽的名詞罷了。

接著，民政廳又將各級公務員誓詞當成民意代表誓詞讓議員們使用，如果不是張賢東議員將「不妄費公帑，不濫用人員，不營私舞弊，不受賄 」刪除，而代以「崇法務實」四字，可能還沒有人注意到用錯誓詞，這才引起在場者的注意。原來宣誓條例對誓詞內容有清楚規定，不能隨便亂用。

誓詞錯了，宣誓是否有效？應該如何來補救？第六屆省議會的第一件事就弄錯了，自然使議員們覺得臉上無光。第二天一開會，民政廳長陳時英列席報告，除了坦承錯誤並道歉之外，也拿不出具體補救辦法。議員們雖就「如何補救」展開討論，然而眾說紛紜；最後只能訴諸權威心理，請求內政部解釋。

內政部以 67.03.04. 台內民字第 770265 號公函對此問題做了模稜兩可的指示：「貴省省議會第六屆省議員宣誓就職後之任事應屬有效，至誤用誓詞，於徵得宣誓人同意，可依宣誓條例第五條第一項第一款規定之誓詞抽換補正，並報監誓人之機關備查，否則仍請依宣誓條例第二條第一項規定，於三個月內補行宣誓。」孰料，民政廳接到公函後，如奉綸音，派出大批人員勸請省議員補簽誓詞。結果除了張賢東、張俊宏、黃玉嬌、林義雄四人外，其他人都簽了誓詞。

1978 年 3 月 17 日下午 3 時，張賢東等四位省議員在省

議會議事堂補行宣誓，台灣高等法院周旋冠院長依然專程前
來監誓。補行宣誓的場面冷清，除了幾位主辦的民政廳官
員、採訪省議會新聞的記者及幾位議員同仁外，沒有邀請外
人觀禮，整個儀式過程不到三分鐘，接著黃玉嬌議員邀請周
院長與張賢東等人合照留念；奇怪的是費了好大功夫，整個
省議會還找不到一部配有閃光燈的相機，最後不知哪裡跑來
一個人拿部沒有閃光燈的相機應付式地按了一下，才結束了
僵持尷尬的場面。這時，張賢東議員從一位記者口中聽到國
民黨省黨部下令不得拍照的消息，乃責問省議會秘書長許宗
德何以辦事如此草率，這件爭執據次日的《中國時報》是如
此下標題：

「補宣誓・議員鄭重其事

未拍照・道是故意冷落

許宗德連聲道歉・依舊受圍攻

逼他要寫悔過書・或引咎辭職」

1977 年 12 月 20 日，宣誓典禮後，在選舉正、副議長
之前，發生了一段插曲，是林義雄提出要求環坐議員兩旁的
貴賓退席，方便議員投票選舉正、副議長。不料，第二天各
報大加報導，《聯合報》更痛加貶斥，指為「逾越情理」、
「強姦民主」、「鬧劇」，更清楚展現出在「黨國一體的威
權」之下，黨外人士所承受的威脅與壓力有多大。

第二章〈內規修正〉中，林義雄首先點出：台灣省議會
所制定的內部規程，包括台灣省議會議事規則、台灣省議會

各種委員會組織辦法、台灣省議會程序委員會組織辦法、台灣省議會紀律委員會組織辦法、台灣省議會人民請願案處理規則……等多種。在省議會的運作裡，比較重要的是議事規則和各種委員會組織辦法，修正時也以這兩項內規引起最多的爭議。其他同仁在審議內規時都分別提出了他們的卓見，這些高見，不擬一一作詳盡的記述評論，以免失真，所以以下所談的只是他個人提出的幾點意見。

在「本會開會時應使用中國語言」一節中，1978年3月30日林義雄提議在議事規則內增列「議事用語」，明定：「本會開會時應使用中國語言（包括漢、滿、蒙、回、藏、苗各族語言及本省山地話）」時，曾列舉三點理由：

1. 議員責在反映民意，在議會中發言或爭辯，如強令其使用無法充分表達意思的國語，將減低其說服力。

2. 兼容並蓄，足以表示台灣省議會心胸之博大。

3. 杜絕外國語言使用於議會之可能，以維護國家尊嚴。

此案一提出，就遭到國民黨議員「熱烈的」反對，他們搶著發言，頗有「群起圍攻」的氣氛；可笑的是所有反對意見，都沒有對林義雄提出的三點理由作正面反駁，只提出：講國語可以表示「愛國心」，應該視講國語為一種榮譽等等，這種硬要把國語視為榮譽，只展現會說國語的人把自己抬得比不會說的人高一等的心理作祟而已。那些貪官汙吏，哪一位不是國語琅琅上口？

「主席得於適當時期宣告停止討論」一節，起因於 1978 年 1 月 19 日，省議會駐會委員會開會，討論有關高雄港務局收購人民土地之請願案時，發生蘇洪月嬌議員怒摔保溫杯的事件。此乃蘇洪議員為該請願案介紹人，比較關心本案，希望能擔任小組委員，主席魏副議長則以介紹人不得擔任委員為省議會不成文慣例加以拒絕。蘇洪議員提出異議，更在發言中遭到主席中斷發言，停止討論並宣布散會；因而引發摔杯抗議。同年 3 月 31 日，林義雄提出主張刪除「議事規則」中有關「議案之討論、主席得於適當時間宣告停止討論」的條文；此舉無異是對傳統議會家長制的領導權提出挑戰，當然引起國民黨議長蔡鴻文及黨籍議員們的傾力反擊。

1978 年 4 月 6 日，林義雄提出「議事記錄應記明贊成、反對、棄權者之姓名」議案，林之本意欲藉此強迫每位省議員拿出良心來表決，並且留下紀錄，不容逃脫歷史的審判。不料此案卻遭到國民黨議員的強力反對而否決。

第三章〈部門質詢〉，林義雄首先寫下：

今天，政府的官僚體系逐漸龐大，甚至已經管制到人民日常生活的細節；人民的種種需要也逐漸有賴政府的決策來加以滿足。可以說，我們這個社會已相當政治化了。處在這種政治化的社會裡，如果大多數的人仍然認為政治是一種「藝術」，一種「三國演義」式的「鬥智遊戲」，政治勢必甚為複雜，不可能是屬於「眾人之事」，背離了民主政治的規範。

我一向認為「政治是一種科學」，更明確地說，就是：必須抱著「明辨是非，窮究真理」對就是對、錯就是錯的態度。當然，我非常了解人際關係的複雜性；面對「變數」繁多的社會百態，要明辨是非豈止是困難而已，簡直是有點理想化了。但是，我卻堅決認為：儘管實際情況不易科學地處理，至少此一態度是必要的。因為只有當我們內心排除了「政治藝術化」的觀念時，我們才有可能邁向民主政治的坦途；也只有這樣，所謂開放、公開的討論，負責、盡責的辦事才有實現的可能。要不然，是非不明，我們憑什麼來討論？憑什麼來評估公務員盡責或失職？

　　林義雄的民政部門質詢主題有：
　　1. 三十年來選政的種種弊端、選舉公平性的探討與建立。
　　2. 抨擊警政風紀的敗壞、警察權過分的膨脹以及警械的濫用，揭發刑求的實例與真相，呼籲改善警民關係，並確立警察應為人民服務的觀念。
　　3. 從民選鄉鎮、縣市長法定地位的保障，進而強力爭取完整地方自治權。
　　4. 國民就業、基本工資以及鄉村醫療等問題。
　　5. 批判執政黨在地方政治裡所享受的種種特權。

　　財政部門質詢所抨擊的問題有：
　　1. 從冒貸、套匯案層出不窮的教訓裡，應嚴防經濟壟

斷，過止大戶獨佔，進而眞誠地實施民生主義的經濟政策。

　　2.揭發政治特權的經濟犯罪，強硬要求各級行政首長公布財產以自清，並追究資金大量外流、前仆後繼出國設籍置產的政治責任。

　　3.稅負不公，造成大戶逃漏、小民不堪負荷，呼籲稅收應用於造福民眾，而財稅的目的則在收攬民心。

　　4.指責省營事業獨家生意卻虧損纍纍，促請省屬行庫資助文化事業的發展，責難菸酒公賣局與物資局種種弊端與不當舉措。

　　5.質問擇惡固執的財政收支劃分法、形成稅收中央一把抓，地方自治財源則長年陷於枯竭。

　　建設部門質詢課題包括：

　　1.從德基水庫、台中港等大型工程的頻頻出錯，要求今後凡從事於大型建設必須廣徵民意，聽取專家意見，同時送請各級民意機關最後裁決。

　　2.從核能電廠、治山防洪等問題，籲請公共建設首要保障人民生命財產的安全，同時其建設的目的應在於增進人民的幸福，不可遺禍後代子孫。

　　3.列舉省府各廳處的建築猶如軍營，這是早年大陸來台所殘餘的逃難心態，今後大型建設與規劃要能呈現這一代人的創意與智慧。

　　4.爲省營公用事業如自來水公司等把脈，發現沉溺已深，應徹底變革經營的觀念與方式。

5. 徹底檢討都市計劃與公共設施保留地問題，引導出周全的對策，有效促進都市的長期健全發展。

相關台灣農林問題的質詢有：

1. 台灣第一次土地改革的成果已蕩然無存，應立即籌劃農業的再改革，以重建台灣鄉土。

2. 台灣三十年經濟畸形成長，是長期犧牲農民利益的結果，如今工商業應反哺農業，特別保障農民權利，使破產了的農村早日復甦。

3. 為農漁民請命，降低農漁業的生產成本，嚴防中間剝削，提高農漁民的收益。

4. 強烈要求長期停徵田賦，急速實施農作物以及農漁民健康保險。

5. 揭發盜林弊案，攻擊林務黑幕，要求節制伐林，擴大造林。

6. 恢復各級農會為人民自身的團體，不容以強派代總幹事的做法，剝奪農民團體完整的職權。

對於文化與教育政策的檢討，其教育質詢重點有：

1. 從百年樹人事業前程的黯淡談起，並為教師的待遇、尊嚴、人格與地位請命，呼籲建立良知與愛心結合的教育風氣。

2. 嚴厲抨擊發動各級教育人員與學生助選的歪風，形成一股反民主教育的逆流。

3.指控違憲的出版法之停止雜誌登記的禁令，促請徹底更張文教政策。

4.警告壓制言論與新聞自由的結果，將導致民意的鬱結與不平，所謂水能載舟亦能覆舟，只有開放的輿論才能造就一個開放的社會。

交通部門的質詢問題則有：

1.交通單位中級以上的幹部，省籍歧視相當嚴重，要振作交通事業，先要打通此項人事的管道。

2.花了人民兩百多億的血汗錢，買來的卻是牛步化的電氣鐵路，必須徹底追究政治責任，以謝國人。

3.台鐵將被電氣化債務拖垮、公路路權則為特權所把持，鐵、公兩路補漏式的交通設施，是台灣官僚政治最佳例證，應從事於行政管理體系的根本改革。

4.配合全島交通網的建立，拓展台灣的觀光旅遊的新境。

第四章〈預算審查〉，林義雄抱著「民意代表如果能看緊人民的荷包，政府機關如果不亂用人民的血汗錢，省下來的錢，這些官員既不能拿回家去，就會用來多做一些建設或福利」的觀念來審查預算，不料卻捅了馬蜂窩，成為「眾矢之的」，每當他提議刪減之時，必定有國民黨議員起而反對。

台灣省議會於 1978 年 5 月 22 日起，準備用五天時間審

查 1,600 多億的省府地方總預算案暨營業及非營業基金預算案。預算審查進行三天，結果只刪除建設廳「自來水建設基金管理費」30 萬元。在當時的「黨國威權體制」下省議員不敢行使預算審查權，而任令國民黨「國庫通黨庫」，大肆盜搬金錢、強佔土地，富了「黨」而窮了人民。例如：台灣銀行預算書編列聘任顧問費用，計：中將 12 人，每人每月 11,184 元；少將 46 人，每人每月 10,364 元，共 58 人，加計年終，一年花費高達 794 萬餘元，經省議員追查才知死了十人，刪除 135 萬餘元。這即顯示國民黨「吃銅吃鐵」的高超本領，只知照顧軍公教，而任令普羅大眾自生自滅。經黨外議員爭取，預算審查延至 6 月 2 日晚上 10 點 40 分才全部審查完畢，總共刪除 946,183 元。

林義雄在 6 月 3 日凌晨北上返鄉的夜車上思潮起伏，只能希望他的觀念能慢慢地被人接受，因為這是他熱愛的鄉土，這裡有期待與支持他的選民，他們或許會有些失望，因為沒有完成選民全部的託付。

本書第五章〈省政總質詢〉首頁，林義雄列出二段話如下：

一個有希望的民族必須有自由探討以獲知一切事物真相的自由。如果不能知道事物真相，則真實的希望便無由產生。

吉拉德・強森

民主並不僅指民治民享的政府，而是每一個人都具有無限的價值（Worth），自由的人共同合作，便能組成有無限希望的社會。

　　只有民主能激勵「人能成為自己命運的主人」的新信仰，只有民主能使人從「人註定無力面對環境，只能由專制暴君，不能以任何其他方式來統治」荒謬絕倫的錯誤信仰中解放出來。

代維斯

　　1978 年 6 月 12 日，林洋港接替於 5 月 20 日就任副總統的謝東閔，出任省主席一職。十天後的 6 月 21 日，林洋港的首次省政總質詢，林義雄與張俊宏二人又是本屆省議會言論風暴中心，雙方首度在議事堂上接觸，引發府會內外各界一致注目，旁聽席上及走道迴廊擠滿了前來關心的民眾。

　　在這場質詢中，林張二人從民主政治基本的原理原則談起，既表明個人的民主信仰，更澄清幾項觀念性的誤解，接著勾引出台灣現階段實施民主政治亟待救濟補偏的重大問題，最後的結論是：人民最可靠，要走民主單行道。

　　林義雄在此次總質詢的最後一段話值得國人思索：

　　英國哲學家羅素說過一句話，他說：「我隱隱地看到一個充滿喜樂的世界，在那裡心靈得以擴展，希望無窮，任何高貴的行為，都不會被曲解為企圖達成卑鄙目的的手段。」他告訴我們：「用不著等上天國，塵世難道不能轉變成樂

圍？爲什麼我們一定要到想像的神話裡去找避難所？只要人類願意，現世生活照樣可以創造得多采多姿。」我們相信，今天在台灣的這一代人，只要肯奉獻我們的智慧和努力，一定可以把台灣建設成樂土，一個公平合理、安和樂利的社會必將在我們的手裡完成。

　　書末〈附錄〉十篇，有監察委員陶百川的〈議會質詢與民治吏治和法治〉、台大法律系憲法學權威李鴻禧教授的〈頂天立地、挺起胸膛、邁向民主憲政之路—由省議員質詢台中護校齟齬談起〉、邱義仁（時任林義雄議員助理）的〈省議會的職權及其運用〉、林義雄的〈競選省議員有感〉、

林義雄，《台灣共和國基本法草案》，1989 年 11 月。

林義雄，《心的錘鍊》，1991 年 1 月 20 日。

〈誓詞錯誤補救方法之商榷〉、〈逐客風波與新聞報導〉、〈我對「台灣省議會議事規則」的幾點意見—兼論聯合報之報導態度〉、〈可愛的選民〉、〈提案三則〉及王拓採訪‧刊登在《夏潮》四卷六期的〈為民主政治而奮鬥！—訪台灣省議會議員林義雄〉。

作者簡介：
林義雄，台灣宜蘭人，1941 年生，台大法律系畢，執業律師。1977 年當選台灣省議員，1979 年因美麗島事件入獄四年餘。1987 年獲哈佛大學公共行政學碩士，後再留學英國及日本各一年，研究政府組織及運作。1991 年 3 月創辦慈林文教基金會，開始從事改造人類心靈工程的實驗，讓有志於社會和政治改造的工作者，在慈林的文教課程中共同思考現在、搜尋未來。曾任核四公投促進會召集人、民主進步黨第八任黨主席。著作有：《虎落平陽》、《古坑夜談》（以上兩書與姚嘉文合著）、《從宜蘭到霧峰》、《台灣共和國基本法草案》、《心的錘鍊：淺談非武力抗爭》、《希望有一天：充滿喜樂的台灣》、《去國懷鄉》、《白樺‧菩提‧避邪符》、《只有香如故：林義雄家書》（上、下冊）等。

《勇者不懼 ── 我爲什麼要競選立法委員?》

陳婉眞著　長橋出版社　1978 年 9 月 15 日初版

台灣警備總司令部 69.9.24. 隆徽字第 4099 號函

主旨：由長橋出版社出版、發行、陳婉眞著作之《勇者
　　　不懼─我爲什麼要競選立法委員》一書，内容淆
　　　亂視聽、挑撥政府與人民情感，依法查禁，請查
　　　照轉知、查照辦理。

説明：
一、台北市新生南路三段五十四之 8 號長橋出版社出版
　　發行陳婉眞著《勇者不懼─我爲什麼要競選立法委
　　員》一書（三十二開本，平裝一册，二九七頁），内容淆
　　亂視聽、挑撥政府與人民情感，足以影響民心士氣。
二、依照〈台灣地區戒嚴時期出版物管制辦法〉第三條
　　第六、第七款及同法第八條之規定予以查禁。

陳婉眞終於決定打破醬缸，跳出壕塹，挺身而出，從另一個戰場，繼續完成她在新聞界無法完成的理想。她本來是新聞界的俠女，秉持著追求正義與公道的熱誠信念，她將是一個不憚於前驅，一心為民主而奔馳的女鬥士。

司馬文武本書序〈新聞界的俠女〉

陳婉眞的《勇者不懼—我為什麼要競選立法委員？》於 9 月 15 日出版，台灣警備總司令部在兩年後的 1980 年 9 月 24 日以隆徹字第 4099 號，原因是觸犯〈台灣地區戒嚴時期出版物管制辦法〉第三條第六款淆亂視聽，足以影響民心士氣或危害社會治安者及第七款挑撥政府與人民情感者，因而將之查禁。

陳婉真，《勇者不懼》，長橋出版，1978 年 9 月初版。

若純粹從查禁書本內容去觀察，可以得到以下的訊息：

許信良在序〈我們需要更多的陳婉眞！〉提出「大眾有知道和討論的權利」是民主政治最重要的基礎。這項權利的充分實現要靠報紙，因此可以說「沒有報紙就沒有民主」。要辦理一份有影響力的現代報紙，不但需要龐大的資金，還

需要高度的組織能力和企業精神。然而，報紙一旦成為企業，報人便淪為可憐的雇工，而不再是高貴的文化人；報紙的利益和報老闆的權威閹割了作為高級知識份子所應有的良知、理性和對社會的責任感。……這是今日台灣社會的可悲現象。……現在是報人們爭人格爭報格的時候了。我們希望看到更多陳婉眞！

　　張俊宏的〈潮流的訊息〉序文以為「新聞自由和健全的議會等於是兩條互相依賴並且用以邁步前進的雙腿。」記者的筆若不能本著道德良心說出人民大眾的心聲，而依賴黨國權威的認可，其可悲矣！報紙和議會有完全共同而一致的目標，也有唇齒相依利害與共的依存關係。沒有自由的輿論制度，議會的功能無法完全發揮，議會也會失去了必要的民意監督和制衡。在這本書裡，我們幾乎可以體會出在我們的國度裡新聞自由如何被凌虐殘害的整個過程，但新聞自由不管再怎麼受到嚴酷的煎熬和剝蝕，新生代追求眞理和正義的一群記者們仍然絞盡心智在極度惡劣的環境下，艱困地匍匐前進。

　　也許陳婉眞還在成長的過程，但她雄渾的潛力，不在乎權威的偶像，在壓力下勇往直前的勇氣，乃是新生代追求理想的青年極具代表性的性格。她一再地強調新聞界的革新，自由輿論的建立只有依靠全民的力量來取得，這種潮流已可以拍案驚濤，早日迎接這種沛然莫之能禦的潮流，嶄新的時代就會出現燦爛的光輝！

　　司馬文武在〈新聞界的俠女〉一文，點出戰後台灣新聞

界演化的過程裡，報社的編輯和記者們，無形中也從無冕王淪落為一種缺乏保障、很少福利的受雇員工，變成大公司中的小作業員。

陳婉真是一個熱愛新聞工作的記者，六年來，她從一個純真的大學畢業生，因為採訪工作的關係，使她逐步被捲入麻煩的漩渦，因為她的良心和勇氣，而招來了莫名其妙地暗箭襲擊。但是她不僅不畏怯，反而更激發起深藏她內心的正義感，她也有軟弱、想迴避的片刻，但她與生俱來的俠義個性，使她終於無法休息。

陳菊在〈台灣查某囡仔—陳婉真〉序文中，說：

任郭雨新先生秘書迄今九年，經歷一個女性政治工作者所遭受的困難和非議，我常想人口佔二分之一的女性，從事追求一個自由、民主、人權的理想社會，她的價值、努力應該被肯定。從來能力是可信任的，理想是不會背叛的。

我樂於看到陳婉真典型的年輕女性由坐而言進而起而行，這是台灣女性的轉變。這種轉變會使在這個民主改革運動中受到傷害和陷於苦難的朋友感到欣慰並得到補償。

陳婉真在〈立法院急待輸入新血〉文中，指出：就目前的立法委員們而言，雖然多數委員的選民在大陸，他們仍有義務對選民負責，勵行憲法賦予的職權，才不致辜負苦難同胞的選票；在台省增補選的立法委員更應如此，因為議員和選民之間本是法律上的契約行為，議員有對選民負責的義

務，在黨籍委員而言，雖然行使職權時無法不受黨的影響，黨意和民意之間有衝突時，黨的命令應列為最後考慮。因為，議員必須能精確反應民意，並能正確代表全體國民的公意，法理上說，委員一經當選，他已屬於選民和國家，應以選民和國家為優先考慮。

足夠的立法知識，對民情的深入了解，國際情勢的洞察力，也都是立法委員不可缺的條件。全民期待一個氣象一新的立法院，帶動政治的全面革新。

許信良的〈我們需要更多的陳婉眞〉與陳婉眞的〈立法院急待輸入新血〉二文，同時刊登在《長橋雜誌》第六期（1978 年 9 月號），更讓警備總部的文化工作執行小組面子掛不住，給予查禁，只是扳回一點顏面而已。

本書內文第一部〈我為什麼要競選立法委員？〉首頁是長橋出版社的編者說明：

陳婉眞小姐決定競選這一次的立法委員。她接受了長橋出版社的邀請，回答了許多尖銳的問題。下面是整個問答的全部內容。這次「口試」在北市金世界餐廳貴賓室舉行，時間是 67 年 8 月 19 日下午；參與提出問題的人，除了長橋雜誌社的編輯之外，有記者、教授和留學生。

以下是問答內容的摘要：

問：妳的競選動機？

答：我很喜歡當記者，但是，如果目前的政治情況不能

改變，再幹記者頂多讓我抑鬱終生而已。至於我爲什麼要參加立委選舉，那是因爲我在記者生涯中，比一般人更有機會看到我們社會許多不合理的現象，而且，我發現這些不合理現象發生的最根本原因，還是我們的政治不上軌道，所以，我認爲實際參政是最有效的改革途徑。

問：政治是如何限制新聞自由？

答：政府機關的官員並不尊重新聞自由，毫無任何「知的權利」的觀念。他們只認知，記者應該配合政府宣導政令，若要多報導其他事情，就認爲你在找麻煩。另外，一些政府和黨的機構在專門監督報紙，像（國民黨）中央黨部的文工會、新聞黨部、省市黨部的第四組、省黨部的台灣通訊社、警備總部……等等。

問：「報禁」的影響如何？

答：國民黨從民國四十年開始，以「節約用紙」爲由，對報紙採取「從嚴限制登記」的政策，即是禁止新設報紙。任令既有少數報紙瓜分市場。小報要出讓，光是一紙登記證就值新台幣八千萬以上，並且有錢還不見得買得到。對社會大眾影響很大，民眾「知的權利」容易被封鎖，甚至還故意斷章取義，歪曲報導。所以「報禁」帶給報社老闆的是既得利益，而帶給社會大眾的卻是「既得災害」。更嚴重的是，報禁限制了新聞自由，使得民眾不信任報紙，也連帶不信任政府，像最近發生的「華航劫機案」，社會上一直傳說紛紜，懷疑政府所宣布的事實真相。又譬如「高中聯考洩題案」，治安單位雖然宣布了破案經過，一般民眾還是有人想

「絕對沒有這麼單純」。民國六十五年雙十節，當時的謝主席被炸彈郵包炸傷雙手，報紙都說是拆閱信函被割傷，破案以後才宣布真相。這樣的新聞報導給民眾很壞的印象，使他們不信任報紙，懷疑政府。

問：妳若當選立委，在新聞自由方面如何努力？

答：首先，台灣目前是戒嚴地區，出版品受到〈台灣地區戒嚴時期出版物管制辦法〉的限制，要保障新聞自由，治本的方法還是要廢除戒嚴法。另外，還可以督促行政院解除報禁，並且制定保障新聞自由有關的法律。

問：妳對現在的立法院有何看法？

答：立法院是目前各級民意機構中最保守、最無能的。現在立委絕大多數都是三十年未改選的老人，他精力上已經不能負荷繁重的立法工作，知識能力上也不足以應付現代的社會問題。立法院存在的目的不是在維護「法統」，而在做好立法工作，並有效的監督行政機構。

問：幾個年輕新立委進入立法院，能改變什麼？

答：我認為，少數人在立法院內，決策上可能起不了什麼作用，但是對行政機關的監督卻可以有很具體的效果。此外，少數認真的立委還是可以把民意帶到立法院裡頭，把立法院的真相帶給社會大眾。立委同時是受矚目的政治人物，在立法院外還有政治上的影響力，可以改革政治。

問：妳為何不參加國民黨內提名登記？

答：這次國民黨改行推薦制，要參加選舉只要報備就可以了，我又不需要黨部輔選，所以就沒去登記。

問：妳當選後，遇到黨意和民意衝突時，如何選擇？

答：少數的黨工並不能代表黨意。如果國民黨能經常辦全國黨員的民意測驗的話，會發現多數的黨意是和民意合流的。

問：作爲國民黨員，妳對去年選舉黨外人士大量當選，感到高興還是難過？

答：我認爲讓一些黨外人士當選，短期內國民黨會覺得受傷；但從長期看起來，對國民黨是有好處的。……由於長期的一黨執政，沒有競爭，黨員對黨的向心力已經非常薄弱了。有競爭，黨員會爲了理想替黨奮鬥，沒有競爭就只有想要分霑利益的人會環繞在黨的周圍。

問：如果妳當民意代表，作風上會傾向哪一個議員？

答：在性格上我比較傾向張賢東，他比較正派，嫉惡如仇。但是我也願意學習許信良的謀略和藍榮祥的技巧。

問：行政首長當中，妳最欣賞誰？

答：林洋港。他是我所看到最能幹的行政人才。最難得的是，他很能夠替老百姓著想，甚至不怕人家攻擊他「圖利他人」。他很純樸，一直到現在還保持農家本色。另外，他的思想很精確，決策上發生錯誤的機會比較少。

問：從政必定會有很多犧牲，妳心理上有沒有這種準備？

答：從政是個人的選擇，談不上什麼犧牲，覺得是犧牲的人可以不必去從政。事實上許多從政的人不是犧牲了自己，而是犧牲了民眾。

第二部〈六年中國時報記者的回顧〉：

1.雪泥鴻爪：陳婉真描述自己因為被視為言論偏激，在各方壓力之下，自動辭去新聞記者這個工作的經過。

2.初生之犢：師大社教系新聞組大四時，由指導老師于衡安排至中國時報實習，而任職中時，先跑北市文教新聞一年（1972.7~1974.3）的過程。

3.採訪省議會：因職業倦怠感，請調離家近的省議會新聞。這一調動，竟造成陳婉真離開新聞界，結下了參與政治的緣分。在省議會採訪期間（1974.3~1977.5），她全身心的投入工作，深入了解省議會的生態。因此，她指出省議會新聞的兩大問題：報界的有意醜化及國民黨不肖黨工惡意扭曲造成的影響。實例有要求記者不發稿、對記者人身攻擊、亂發黑函檢舉、施壓長官扣稿不發等手段。

4.許信良與我：陳婉真決定競選第六屆省議員，及後來的「臨陣脫逃」，都和許信良有關。許信良出版《風雨之聲》起因，是深覺輿論對省議會新聞無法充分報導。尤其在不肖黨工操控下，包括中央日報等黨營報紙都告誡記者，不讓許信良名字見報。許信良只能把歷年在省議會的重要發言整理出來，略加他個人及省議會的簡單介紹。陳婉真先目睹《風雨之聲》全文，並在〈我的同仁〉章內，提供一些具體故事供許參考，同時撰寫〈不僅表示意見，也要表示態度〉序文，其中一段話：「在三年的採訪過程中，我便多次深自感受那種來自有關方面重重壓力，這種壓力，甚至連不直接受拘束的新聞記者，有時都幾乎承受不起。」其主要便是

指（國民黨）省黨部過多的干預。

陳婉眞在 1977 年 6 月投入國民黨五項公職人員選舉黨內登記，就將她歷年來見之報端的特稿，編成《垂簾聽政：名女記者對省議會的透視》一書，向選民自我推薦。爾後，黨內壓力逐漸升高，中時余紀忠老闆出面委婉勸說，經她同意於 8 月 23 日以省政記者身分赴美探訪世界少棒賽。

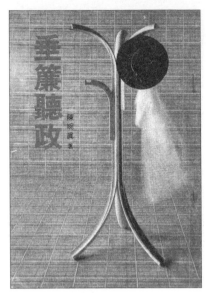

陳婉真，《垂簾聽政》，新企業世界，1977 年 8 月再版。

5. 美洲行：陳婉眞赴美的任務是報導威廉波特世界盃少棒賽及芝加哥世界盃跆拳道賽。她在美國期間，雖謹言愼行。但年輕學子出國後多少會好奇閱讀左派電影與書刊，就發現被國民黨騙了，開始變得反動。當她在美國極力爲政府辯護，幾被指爲「國特」之餘，回國後卻發現許多來自海外控告她「大放厥詞」的汙衊報告。

6. 採訪府會新聞：陳婉眞在 1978 年元月返國，余紀忠安排她跑北市府會及黨政新聞，並特地先和國民黨市黨部主委聯繫，但半年後，陳還是被迫辭職。

7. 名人印象：陳婉眞月旦謝東閔、林洋港、張賢東、蔡鴻文、李登輝、林挺生、陳樹曦、陳時英、藍榮祥、許宗德

等她所接觸過的省府、省議會及北市府會的人物。

8. **報紙的社會責任**：在報禁保障之下，報紙已經發展成一個新特權階級。尤其是民營的中時與聯合兩大報系，兩報過去有其貢獻，始有今日之成就；但見及這兩位老闆，為爭取國民黨中央委員選舉的「排名」，動員一切力量去拉票；更為了討好決策當局，不惜劃地自限，甚至惡意歪曲、顛倒黑白，使人想到「權力使人腐化」名言。在報老闆「家天下」經營方式下，記者、編輯的取材選稿，以老闆的旨意為依歸，不能有違逆言論及獨立的思想見解。

9. **長懷記者生涯**：第六屆省議會成立後，黨外議員增加，加上報紙故意歪曲報導，林義雄議員最受聯合報「偏愛」，使用無中生有、斷章取義並涉及人身攻擊的標題與文章，遂勸告林議員對《聯合報》提告，林提告後，地院不敢得罪《聯合報》，以「不起訴」結案。不料，「鼓動林義雄告聯合報」卻成為陳婉眞被迫辭職最主要原因，國民黨將她冠上：意圖製造分裂，破壞年底增額中央民意代表選舉團結的罪名。

附錄共有八篇，都和本書有關，依順序分別是：1. 大眾傳播在選舉中的責任及態度（陶百川）、2. 期待客觀眞實的新聞報導（林義雄）、3. 逐客風波與新聞報導（林義雄）、4. 控告聯合報的訴狀（林義雄）、5. 新聞自由的歷史對照（陳國祥）、6. 診斷聯合報的省議會新聞（陳國祥）、7. 中國新聞記者的信條、8. 中華民國報業道德規範。

作者簡介：

陳婉真，1950 年生，台灣彰化人。台北師大社教系畢業。曾任中國時報記者，1978 年辭職參與立委選舉，因「美中建交」而暫停選舉，成為職業街頭運動者。1979 年初，國民黨借「吳泰安匪諜案」逮捕余登發父子，黨外人士第一次戒嚴下的街頭示威。4 月，和吳哲朗在省議會創辦戒嚴下的第一份地下報紙《潮流》。7 月赴美，不久在美國紐約街頭抗議《潮流》同事陳博文等人遭國民黨非法逮捕。12 月，「美麗島事件」爆發，她在美國加入救援，海外台灣人成立「台灣建國聯合陣線」，被列入「黑名單」。1988 年首次闖關回台，被一群警察以扛豬方式丟出國門；1989 年受到鄭南榕自焚的感召回台參加五一九喪禮，為黑名單成功返台第一人。1991 年為推動台獨結社權，成立「台灣建國運動組織」（台中），以汽油彈和警方對峙。1992 年年初以通緝要犯首惡被捕，因刑法一百條廢止無罪釋放，年底當選立法委員。2010 年後，深感教育紮根與正確歷史觀的重要，致力於被遺忘的台灣史挖掘與重建工作。已出版《離亂十載》、《1940~1950 消失的四零年代：造飛機的小孩們》、《1940~1950 消失的四零年代：背後那支槍》等。

《到民主之路》

黃煌雄著　八十年代出版社　1980 年 10 月 10 日初版

台灣警備總司令部 69.10.23. 隆徹字第 4615 號函

主旨：《到民主之路》一書，内容淆亂視聽、挑撥政府
　　　與人民情感，依法查禁，請查照轉知、查照辦理。

說明：

一、黃煌雄著《到民主之路》一書（三十二開本，平裝一冊，
　　二〇七頁，發行地址：台北市富錦街一〇七巷一弄六號二
　　樓，總經銷：台北市重慶南路三段十二號六樓，於中華民
　　國六十九年十月十日出版），内容否定法律、詆毀法統，
　　淆亂視聽、挑撥政府與人民情感，足以影響民心士
　　氣。

二、依照〈台灣地區戒嚴時期出版物管制辦法〉第三條
　　第六、第七款及同法第八條之規定予以查禁。

我們深信：不論朝野，在這過程上，都要由「坐而言」，進到「起而行」，且要澈底揚棄所有不實、虛驕、華麗、壓制、逃避、激情、躁進及依賴影子的想法、說法與作法，而以堅定的信念、抉擇、實踐與奉獻的精神，不懈而又無畏地奮鬥。我們更深信：唯有朝野都以這種「質勝於文」的踏實態度，共同心連心、手牽手的實踐，我們才能早日使民主深根成爲我們社會中一自然的正常現象；當這一天到來時，我們才有資格對所有在高雄（美麗島）事件中受傷和受苦難的同胞，以及所有對高雄（美麗島）事件的發生及發展感到「遺憾」、「不幸」、「難過」而受驚、流淚、流浪的同胞，給予最深刻的安慰—這也是經過高雄（美麗島）事件的歷史性創傷之後，我們所應肩負的歷史性任務。

黃煌雄本書〈自序〉

　　《到民主之路》是黃煌雄被警備總部查禁的第一本書，在這之前，他已經出版《論戰國時代的合縱與連橫》、《革命家—蔣渭水》、《被壓迫者的怒吼》及《國民黨往何處去》，本書除〈自序〉外，分爲第一部分：到民主之路，內含〈今年五項公職選舉的歷史意義〉等九篇，第二部分：台灣近代民主運動，有〈從蔣渭水精神談起〉等六篇；發表日期是 1977 年 12 月至 1980 年 8 月，結集成冊是因他參與 1980 年 12 月 6 日的增額立委選舉。

　　警總的查禁原因相當牽強，這些文章都在黨外雜誌等刊物發表過，黃煌雄是台大政治研究所碩士畢業，文章平實、

黃煌雄，《到民主之路》，1980 年 10
月 10 日初版。

黃煌雄，《國民黨往何處去？》，1978
年 11 月 1 日初版。

理論性強，是當時黨外人士裡少數的理論家之一，加上個性
文靜，屬於康系的溫和派。

在〈今年五項公職選舉的歷史意義〉（1977 年 12 月）一
文，作者指出：

從歷史觀點考察，其顯示的意義有：1. 新生代力量的崛
起。2. 支配式角色的消失。3. 裁判者的還我面目。因而，不
論朝野對於選舉，應有兩項共同的認識：1. 選舉權是全人類
共同的遺產，不容任何玷汙。2. 在一個政府由人民定期性選
出的制度下，辦好選舉乃是政府的義務，而非權利；政府既
沒有理由為選舉辦得公平、公正、公開而自豪，所有的候選
人也沒有理由為選舉辦得公平、公正、公開而向政府致謝。

經由選舉以產生政府和議會的路線，還是古今中外歷史上所出現過的政權移轉方式中最值得接受的一種……。今年五項公職選舉所顯示的意義，已為這種辦法注入新的轉機和希望；為了使這種新的轉機和希望在未來的歲月裡，能夠一步一步順利地展開，在台灣地區以及海外的所有中華民族同胞，不論階級黨派、男女老少、士農工商、貧賤富貴，都有共同的義務，不僅要有這種認識，更要努力具體實踐，以共同為現在千千萬萬以及未來世世代代的同胞，開創一條歷史上尚無先例的健康的民主大道。

　　〈競爭者之路—國民黨與黨外的健全化〉一文中論及：

　　中美斷交之後，在國內政治上，一個重大、尖銳、具有逼迫性、又使人無法逃避的問題，已經籠罩在關心台灣前途的每一個人的心坎上，這便是：「台灣往何處去？」其在國內政治因素發展，有兩個相關問題：1. 國民黨往何處去？2. 黨外往何處去？

　　國民黨這種支配者角色，一面經由行政體系的運用，向全國行政機關延伸；一面經由政治體系的運用，向軍事、學術、經濟、產業，乃至社會各團體延伸，致使國民黨在國內所有機關、團體所扮演的角色，都與其在中央政制所扮演的角色相呼應。

　　黨外在面對國民黨幾乎壟斷行政和立法的一切職位，力量是微弱的；面對國民黨幾乎壟斷一切宣傳媒體，黨外的聲音是淒涼的；只能在特許的時間（選舉），才有機會公開向民眾講話。

今天國民黨最大的困境：如何使實際與理論協調？因爲國民黨三十年來以「革命民主政黨」及「動員戡亂」的理論，來掩飾、包裝其形象，而此種權力惰性，使其自絕於其一再表示的「堅守民主陣容」之外。因此，今天國民黨不但不應該再以排除壓擠其他競爭勢力來鞏固自己的支配地位，而應更以謙虛與誠懇的心情邁向競爭者。

不管國民黨高興與否，經過三十年不正常的憲政時期後，它終得面對一個挾有競爭者的胸襟、識見與修養的黨外，乃是社會發展的必然趨勢，也是民眾政治意識自覺的結果。因此，競爭者之路，一如國民黨一樣，也代表今後黨外的歷史出路。

當國民黨由支配者走向競爭者，黨外由批評者走向競爭者；也就是國民黨與黨外分別走向健全化之路時，真正的民主憲政才能在台灣得到正常的發展。

〈職業革命家•社會運動家•政治改革家〉重刊於《亞洲人》月刊第二期（1980年3月號），編者按語：

本文原發表於六十八年八月《八十年代》第三期。作者黃煌雄根據學理和歷史經驗所做的一些立論，不到半年已經因高雄（美麗島）事件的發生以及國內外一連串連鎖事情的發展而不幸言中。當此國家急需療傷止痛的時刻，爲了不忍看到我們已經成長和茁壯的社會，因信任不夠，或一時的踟躕，或過於迷信權力而陷入不可預期的災難之中，本刊以極其沉重的心情重刊此文，甚盼能有助於全國上下的知所警惕。

很多關心台灣政治的同胞，困惑地問道：「黨外人士到底在扮演什麼角色？」

　　就世界史加以比較，對既成體系感到不滿的人，通常會有三種反應：

　　1.以職業革命家的立場，對既成體系進行全盤的摧毀。

　　2.以社會運動家的立場，對既成體系進行強烈的衝擊。

　　3.以政治改革家的立場，對既成體系要求合理的改革。

　　三十年來台灣的黨外人士，只要在政治體制內佔有一席之地的人，都屬於政治改革家的類型。黨外人士在當前體制下並沒有享有平等的競爭地位，他們雖處於劣勢，卻擁有群眾，他們的目標相當有限，僅止於批評，方法也完全合法化。不過，由於黨外人士受到既成體系的歧視與漠視，即使最謹慎保守的黨外人士，有時也不免要衝出政治改革家的範疇，而以社會運動家的胸襟與方式發言，這種現象在選舉時表現得最爲徹底。

　　儘管國民黨一再對海內外宣稱「堅守民主陣容」，實行民主憲政，推行法治，但由於國民黨仍存有濃厚的「打天下」的統治心態，且不改其支配習性，並害怕競爭，當前的政治，不管國民黨在口頭上或文字上如何爲自己打扮，實際上所做到的，僅僅是亦民主亦不民主的「猶抱琵琶半遮面」的階段，眞正的民主憲政，在台灣雖然已經過「千呼萬喚」，結果仍是「只聞樓梯響，不見人下來。」

　　就當前的社會條件而言，由於民智的提高、經濟的繁榮

與生活的進步，黨外人士的自然邏輯，應是選擇政治改革家的路線；但就當前的政治體制，特別是針對中央政治體制的缺乏代表性與地方政治體制的缺乏合法性而言，黨外人士卻應走上社會運動家之路。所以今天的黨外人士，有如傳統的黨外人士一樣，兼具有政治改革家與社會運動家的雙重任務。

由於既成體系所暴露的僵硬與惰性，黨外人士現階段不僅不應過分奢談政治工作者的角色，且更應集中一切力量，運用一切非暴力方法進行衝擊，使既成體系在新現實的壓力下，不能不做合理的調整。國民黨對於這種迫切的需求，如果不能及早正視，或故意不正視，反要掃除黨外人士在體制之內所做的合理追求時，國民黨將無法完全排除黨外人士走上民國初年國民黨被袁世凱逼迫時，所走的全盤否定既成體系的道路。

我們深願借此需要全民團結的時刻，向居住在台灣的所有同胞，表示誠懇而莊嚴的希望：我們應為二十世紀初期，在台灣海峽兩邊的中華民族祖先所留下的未竟之業共同負責，並以實際的行動，堅定的決心，共同為做一些令祖先、也令子孫感到「差強人意的事業」而全力以赴。

〈當前政治的兩大課題〉（1979年10月）文中，作者很嚴謹的要求執政的國民黨當局應該勇敢面對政治體制兩大問題，那就是：

1. 中央政治體制的代表性。
2. 地方政治體制的合法性。

而多年來，對中央政體的批評，焦點都集中在國會，因為：1.國會代表沒有代表性。2.國會成員缺乏勝任性。3.國會現狀妨礙參與性。

這是由於絕大多數的國會代表，都是三十年前在中國大陸和台灣選出的，而他們卻構成國會的主體，對在台灣生活的同胞而言，毫無代表性；而執政的國民黨卻視之為「法統」，而強力對抗民意。根據民主政治成長的過程和經驗，還應該強調三點：

1.現行國會違背民主政治最基本、最通俗的一項原理—任期制度。

2.現行國會成員產生的方式，與議會政治成長的經驗，根本抵觸。

3.現行國會違背整個歷史思潮與世界思潮。中央政治體制改革，最迫切是國會的改選。目前情勢是：維持法統，則缺乏民主；而擴大民主，就會動搖法統。因此，全面改選國會代表是初步目標；全盤調整中央機構編制與職權，才是改革的終極目標。

至於所謂地方政治體制，就現況而言，即指台灣省政治體制。其最大瑕疵之所在：

1.它使現行地方政治體制顯得不完整，變成跛腳的地方自治。

2.它顯示執政當局缺乏信心。

3.它使中華民族蒙羞。

制訂齊一化的省自治法和院轄市自治法，以實行完整的

地方自治；再來調整中央及地方的權責和級數，是改進地方政治體制的第二步工作。

現階段的形勢是：沒有台灣，就沒有中華民國政府，中華民國政府沒有今天，也就沒有明天。當中華民國政府與台灣，在實質上，幾乎已變成兩位一體，且有著共同命運時，政府為了生存與發展，自應深切了解生活在台灣地區所有同胞的共同要求與願望。

通讀全書，這只是一位政治專業人士提出他在 1970 年代末期至 1980 年代初期的觀察報告，希望對台灣、對國民黨、對黨外人士及台灣人民有所助益而已。文字間展現出一名知識份子對台灣的大愛。不料，警備總部卻將它扣上「否定法律，詆譭法統，淆亂視聽、挑撥政府與人民情感，足以影響民心士氣」，而將之查禁。想一想，這是一個何等荒謬的故事。

作者介紹：
黃煌雄，1944 年生，宜蘭人，國立台大政研所碩士，曾任黨外及民進黨籍立委及監委，著作有《蔣渭水傳》等，2018 年任促進轉型正義委員會主委，後因副主委張天欽之「東廠說」引發社會爭論而辭職。

Chap 7

《台灣省議會之變局》

鄭牧心著　八十年代出版社　1980 年 10 月 15 日初版

台灣警備總司令部 69.10.27. 隆徹字第 4670 號函

主旨：由八十年代出版社出版、發行、鄭牧心著作之《台灣省議會之變局》一書，內容淆亂視聽、挑撥政府與人民情感及煽動他人犯罪，特依法取締，並扣押其出版品，請查照轉知、查照辦理。

說明：由台北市重慶北路三段三榮美術印刷公司印刷，八十年代出版社出版及發行，由鄭牧心著作之《台灣省議會之變局》一書（全一冊計三〇三頁），內容淆亂視聽、挑撥政府與人民情感及煽動他人犯罪，核已違反〈台灣地區戒嚴時期出版物管制辦法〉第三條第六款、第七款及第八款後段之規定，依同法第八條，應扣押其出版物。

台灣近年變局所突破締結的這道如真似幻的奇蹟光芒，透過暮色蒼茫的議壇，直照在號稱省議會守護神—「閉口獅子」的大口上，這對曾經一度開口的泥獅，如今依然緊閉嘴巴。

　　人們所衷心期待的是：「閉口的獅子」幾時再開口，為民意與民利做獅子吼？還要等到春雷再響時呢？抑或夢幻的奇蹟成真時？

鄭牧心本書第四場〈第五幕暮色蒼茫看議壇〉

　　作者在本書〈前言〉中說道：

　　「士大夫之無恥，是為國恥。當一個時代知識份子的批判精神喪失殆盡，大地就要沉淪。沉淪不已，仍有未死之心，掙扎著在大地的邊緣，夢想能澆灌出一朵超絕歷史必然運命的奇蹟之花。」

鄭牧心，《台灣省議會之變局》，1980年10月15日初版。

　　這是他對當時知識份子的祈求，也是他的自我期許。孰料，在「美麗島事件」、「林宅血案」的陰霾下，國民黨藉機大肆查禁黨外雜誌（《八十年代》、《春風》、《夏

潮》、《亞洲人》、《暖流》、《鐘鼓樓》、《海潮》等）及書籍
（《虎落平陽》、《護法與變法》、《從蘭陽到霧峰》、《勇者不
懼》、《風雨之聲》、《當仁不讓》、《到民主之路》等）。《台灣
省議會之變局》也在出版十二天之後，遭到警備總部將之查
扣。

　　其實，本書是作者從「中壢事件」至「美麗島事件」之
間的兩年，在台灣省議會所做的臨場見證，他希望這一幕幕
從各種不同角度所採擇下來的鏡頭，能夠具體而微地呈現
「台灣省議會之變局」。他坦言：「我寧願相信這是一個奇
蹟，而不是幻象與注定了的悲劇！」

　　如同戲劇一般，本書分為「第一場序曲」、「第二場議
壇如劇場」、「第三場不斷升高的言論」、「第四場鍥而不
捨的爭權」及「附篇讓地方自治在台灣生根」。

　　第一場「序曲」敘述了 1977 年 11 月 19 日，台灣實施
地方自治以來最大規模的一次選舉投票日，因為桃園縣許
信良執意參選而被國民黨開除黨籍，和黨提名的歐憲瑜（調
查局出身）捉對廝殺，更因選務人員涉嫌毀損選票，而引爆
「中壢事件」，將長久隱晦著的群眾運動燒出端倪，也燒開
了台灣變局的源頭。

　　開票結果，黨外縣市長當選四席（桃園縣許信良、台中市
曾文坡、台南市蘇南成、高雄縣黃友仁）、省議員當選二十一席
（宜蘭縣林義雄、基隆市周滄淵、台北縣陳金德、桃園縣黃玉嬌、
苗栗縣傅文政、台中市何春木、南投縣張俊宏、雲林縣蘇洪月嬌、
嘉義縣林樂善、台南市蔡介雄、高雄縣余陳月瑛、高雄市趙綉娃、

屏東縣邱連輝等人）。國民黨與黨外得票比率約六：四。相對於從不改選的「萬年國會」，最新民意的出爐，加上黨外人士已經開始集結，第六屆台灣省議會不再是「府會一家」狀態。

第二場「議壇如劇場」的〈第二幕登台亮相的震撼〉則提到 1977 年 12 月 20 日，是第六屆台灣省議會省議員就職典禮的日子，即爆發兩場震撼議壇的「態度之爭」與「是非之辨」，此即張賢東議員的「誓詞風波」及林義雄議員的「逐客風波」。

原來是省議員宣誓就職，省府民政廳誤將一般公務人員宣誓的誓詞，提供給屬於民意代表的省議員使用。張賢東議員認為誓詞內容不妥，並未舉手宣誓，他把不合理的部分刪除，再加填「崇法務實」四字，並簽名繳出存檔；他並不了解這根本是用錯誓詞。1978 年 3 月 17 日下午三時，省議員張賢東、張俊宏、林義雄、黃玉嬌四人，在省議會議事堂補行宣誓，由台灣高等法院院長周旋冠監誓，省民政廳長陳時英及省議會秘書長等人都在場觀禮。

關於林義雄議員的「逐客風波」一事，乃是他以為省議員們已經宣誓就職，而選舉正副議長是屬於省議會內部的事，同時以無記名秘密投票方式圈選正副議長，則觀禮人員理應退席，免得影響「秘密投票」的進行。後來省主席謝東閔，請在投票圈票區的來賓退席，才開始投票。

第二場第四幕〈中壢事件大會診〉描述 1978 年 1 月 12 日下午，省議會「中壢事件」專案質詢，在蔡鴻文議長主持

下揭開序幕，先由民政廳長陳時英、選舉監察委員會主任委員張富及警務處長孔令晟分別做了冗長的官方報告。省議員黃玉嬌書面質詢資料以〈殺人的警察〉為題，提出控訴，孔令晟卻以「個人不能接受」為由來搪塞。張富則以「不法份子藉故製造事端」為理由，最後只得把無辜的曾金富等八人宣稱是暴亂製造者，將他們關押判刑收場。

第三場「不斷升高的言論」之〈第一幕打破悶局的一聲春雷〉講述 1978 年 3 月 30 日下午，省議會大會正在審議修訂「省議會議事規則」，林義雄議員力爭方言的法定地位，主張在議事規則內增加：「本會開會時應使用中國語言，包括漢、滿、蒙、回、藏、苗等各族語言及本省山地話。」

這是極具本土意識的敏感話題，林的提案又是緊跟在報界猛烈圍剿省議員使用台語發言的熱潮之後，使得議事堂內的氣氛頓時由凝結而爆炸，黨內外議員們在對立與激辯中僵持數小時，才在林義雄議員的「表決、表決，唱名表決！唱名表決！」結果是：在場議員 55 人，反對 43 票、棄權 5 票、贊成 7 票。台語等中國方言在省議會法定地位之提案遭到否決，從此黨內外議員的裂痕，再也難以彌合。

第三場〈第三幕禁忌遊戲：「大軍壓境」〉道出 1979 年 6 月 10 日，張俊宏和林義雄兩議員質詢林洋港省主席的「省政總質詢」時，恰巧台灣三十年來罕見的大規模軍事演習在中部地區已持續半個月，他們兩人隨手拈來，針對軍事演習限度及民間的配合問題加以質詢。孰料，軍隊是絕對不能碰觸的禁忌，無形中已經深入某些人的潛意識；新聞媒體

尤其震驚失措，在一片慌亂與失調中，對自己下意識所掙扎抗拒的事物，就出以死命地圍剿與壓抑。原本極為平常的一場保障言論自由、維護議會質詢的問政，卻被一些幫閒的文人政客，以「大軍壓境」方式猛轟熱炒成言論的風暴。

第三場〈第四幕築起議會言論的新長城〉闡述 1979 年 11 月 19 日下午，黨外邱連輝等十三位省議員首次結成連線，展開三百六十分鐘，持續一天半的聯合大質詢。他們在事先籌劃、臨場調度合作之下，以：

標舉民族主義，設法返回國際社會，以圖台灣之生存；
對內堅守民主憲政之原則，以求實現民權主義；
強調經濟平等，照顧農工大眾，以符民生主義。

以上的三個主題，即是對國民黨的政綱─三民主義，進行總測度，同時對執政當局三十年來在台灣所作所為是否背離三民主義，做一個廣泛的評鑑。

經過一天半的時間，十三位黨外省議員共同創下省議會馬拉松式的聯合質詢紀錄，而其質詢內容遍及當今台灣政治上的各項迫切改革的問題，並以三民主義的民族民權民生這三支獨立又聯合的利刃分別給予剖析。最後，由黨外最年輕的趙綉娃議員代表提出聯合大質詢的總結論，也是對執政黨標榜用三民主義統治台灣三十年的「臨床病理鑑定書」。趙綉娃說：

這兩天的總質詢，我們討論了處身國際社會應持的基本態度和方法，我們強調為了修明內政必先確立尊重民主的政治體制，也唯有在這種民主政制下才有可能實現均富的民生政策。這些主張，和國民黨所標舉的三民主義的理想，並無不同，也由於理想的相同，所以我們願意以負責的在野者身分，代表選民提出嚴屬的批評，以盡我們的職責。

　　今天不是理想和終極目標的差異，而是執行的偏差和進步的速度問題。

　　由於執行的偏差和進步的緩慢，使人開始懷疑執政黨的誠意，也使人懷疑執政黨應付世局和對抗中共的能力。在多數的台灣省民缺乏信心之際，我們不得不運用這次質詢的機會和時間，代表他們表達心聲。

　　我們知道社會不可能完美，理想也只能趨近而已，但是面對中共的威脅，我們不得不再代表選民堅定而嚴屬的要求執政黨：真心、誠意地努力向你們標準的三民主義理想邁進。否則我們將成為歷史的罪人，一千七百萬居住在台灣的人民也成為陪葬品。

　　我們實不願這種情景發生，所以要再度懇切地要求執政黨、林主席以及各位首長真誠地運用你們的智慧和能力，挽救這個危機，建造台灣成為樂土，並且把這片樂土遺留給我們的子孫。

　　第四場「鍥而不捨的爭權」說道：第六屆台灣省議會組成結構有兩大變遷：

1.非執政黨籍議員的比例上升至幾佔三分之一；

2.議員素質大幅提升，稱得上是台灣社會的精英份子。

　　因而他們在選民服務上設有總部、服務中心及服務站，正面任務是服務選民，回饋的是眞切的民意與民瘼。

　　第六屆省議會並在 1978 年 4 月 7 日完成一套嶄新的議事內規，其彰明卓著者有三大成就：一、聽證會的創制；二、是預算審查權的把握；三、是質詢權的擴充。

　　台灣省議會之變局，從第六屆省議會成立（1977 年 12 月）到「美麗島事件」爆發（1979 年 12 月）的兩年間，維繫此番變局的靈魂人物張俊宏與林義雄，在美麗島事件後雙雙被捕，台灣省議會再度面臨重整，堪稱變局中之變局。遑論

鄭牧心，《台灣議會政治 40 年》，1987 年 10 月初版。

鄭梓，《光復元年》，稻鄉出版，2013 年 10 月初版。

往後台灣民主的進程如何，眼前唯一可稱道者，卻是隱約之間已露出一線人道主義的曙光，所有政治上的對立與矛盾，最後也只有化解於人道的領域。

作者介紹：

鄭牧心，本名鄭梓，1949 年生，福建人。台大歷史系畢業，東海大學史學碩士。曾任職報社省政記者、國會記者、社論主筆等。1980 年任職逢甲大學講師，1988 年升任副教授，1994 年升任教授，2000 年轉任台南成功大學歷史學系教授。專研台灣近現代史、台海兩岸關係史、新聞傳播、影視史學等。他除發表論文百餘篇，專著有：《台灣省議會之變局》（1980）、《政治笑話集》（1981）、《戰後台灣議會運動史之研究》（1985）、《台灣議會政治四十年》（1987）、《戰後台灣的接收與重建》、《流動的記憶》、《光復元年》（2013）等。

《風雨之聲》、《當仁不讓》

許信良著

台灣警備總司令部 69.11.10. 隆徹字第 4807 號函

主旨：查禁由長橋出版社出版，許逆信良所著《風雨之聲》、《當仁不讓》兩書，請查照轉知、查照辦理。

說明：查許逆信良前經公懲會懲戒，停職出國後在海外繼續發表不法言論，並公然成立叛國組織，逆跡昭彰，經台灣警備總司令部於本（六十九）年六月依法通緝。

許逆前為自我揄揚，所著蠱惑人心，混淆視聽，挑撥政府與人民情感之《風雨之聲》及《當仁不讓》兩書，自不宜任其流傳，汙染社會，特依〈台灣地區戒嚴時期出版物管制辦法〉有關條文之規定，應予查禁，並清查報繳。

許信良,《風雨之聲》,自印版,1977 年 4 月初版。　許信良,《風雨之聲》,長橋版,1978 年 3 月 15 日。

a. 《風雨之聲》

1. 自印版 1977 年 4 月初版
2. 長橋版 1978 年 3 月初版

　　從英國回來以後,我開始認真關心我們的社會,也開始感到憂慮。我和三個朋友合寫了《台灣社會力的分析》這本書。在序言裡,我說:我們的社會畢竟不是弱不禁風的,可是我們的社會也不是夜總會、高爾夫球場、台北市的高樓大廈,以及擠滿街頭的流線型汽車所能代表。認識社會真正的問題,把握社會真正的力量,我們才有可能從根本上建設一

個無憂慮、無恐懼的公平、富裕、合理的社會。

許信良本書之〈我〉（長橋版）

　　林正杰、張富忠在《選舉萬歲》一書第一篇「山雨欲來時」的首節〈風雨之聲先聲奪人〉如此說：

　　許信良所著《風雨之聲》的出版，算是這次選舉的前哨戰。當時整個社會大眾和輿論界，都將注意力集中在「政治家」與「政客」的字眼上，討論不休。孰不知，暗地裡卻有更大的衝突在進行著。

　　原來許信良出書的目的之一，就在競選縣長。……果然，出書後，社會大眾對許信良的表現至為激賞。……《風雨之聲》很快地就造成一股旋風，在社會上流傳的，包括盜印本在內，幾乎有十萬本之多。

　　《風雨之聲》帶給許信良的普遍聲譽，……再加上許信良《風雨之聲》中摘錄許信良在國民黨台灣省議會黨團會議中，與省黨部主任委員的爭執，對「黨紀」是很尖銳的挑戰，於是黨部立即醞釀反擊。……省黨部動員了省議會中的黨籍議員們，在議會中由陳天錫、王安順、李炳盛、何寶珍、陳新發、趙森海聯合署名，寫了一篇洋洋灑灑的決議文，譴責許信良「標榜自己，誹謗同仁」。可笑的是，當時這些議員們多數都還沒有讀過《風雨之聲》。

　　《風雨之聲》的出版，如果沒有經過這些黨官們的巧妙安排，和議員先生女士們的「不虞之助」，造成這一場鬧

劇，《風雨之聲》是不可能造成當時那樣大的風潮的。

　　《風雨之聲》和「議場現形記」，經由報紙的報導，使許信良獲得了即使花幾千萬也買不到的宣傳效果。

　　《風雨之聲》內容有張俊宏的〈始終沒有離開的朋友〉和陳婉眞的〈不僅表示意見也要表示態度〉兩篇序文，以及「我」、「我的同仁」、「我的關懷與憂慮」三篇作品。張俊宏在〈始終沒有離開的朋友〉序文中回憶起他們兩人在同年進入國民黨中央黨部當幹事，許從英國帶回許多觀念，張則把《大學雜誌》帶入黨部。張在最後雖然懷著滿身創傷離開黨部，離開國民黨，甚至也離開了他曾用心經營的《大學雜誌》，但是許信良是始終沒有離開的朋友。……說許信良是當今政治文化上的尖兵並不爲過，他正嘗試打開政治文化上古老而沉緬的僵局，他的取向在傳統中國的政場上能否被接受、能否融會成一條新的出路，其成敗將不在於他個人的榮辱，也許將象徵著中國政治在近代的衝擊中能否出現新的曙光的契機。

　　陳婉眞在序文中道出：採訪省議會新聞日久，也更瞭然於省議員在議事堂中看似趾高氣揚的另一面鮮爲人知的辛酸。……在三年的採訪過程中，她便多次深深感受那種來自有關方面的重重壓力，這種壓力，甚至連不直接受拘束的新聞記者，有時都幾乎承受不起。……對議會越多一分了解，她對許信良議員就多一分尊敬。他曾無數次爲了農民利益，在議會聲嘶力竭，大聲疾呼；爲了求「學生團體平安保險」

更趨完善，他險些遭受國民黨黨紀處分。他常說：「**議員在議會發言，不只要表示民衆的意見，有時也要反應民衆的態度。**」

「我」篇有〈風雨之聲〉、〈競選活動〉、〈降低田賦〉、〈提高穀價〉、〈胡說八道〉、〈學生保險〉、〈地政質詢〉等七節。許信良出生在中壢農家，從小看著祖母祈求天降甘霖的情景，隨著農村痛苦生活的感受而成長，更漸漸了解，對農民苛刻的，不只是老天。……他在 1967 年靠著中山獎學金，到英國留學兩年，恰逢西方學生運動的全盛時期，深刻體驗西方青年所追求的是：一個更平等更人道的社會，更照顧大衆更純潔無瑕的政府。……他帶著這個想法，來到省議會。四年來一直熱切地呼籲政府多照顧大衆的利益。

他在省議會的第一個努力是：要求降低田賦。歷經大半年的堅持與同仁們的共同努力，田賦額每元徵收稻穀由 26.35 公斤降至 22 公斤。

他議員生涯的第一個危機是：力爭隨賦徵購價格的提高。1973 年下半年，台灣因物價大波動，而使米價跟著大幅上揚。省政府於 1974 年 2 月提案，建議把隨賦徵購乾燥稻穀由十二公斤提高到三十五公斤。國民黨台灣省黨部召集省議會黨團會議，要求支持省政府提案，引來一片反對之聲。省黨部主委梁永章立即制止其他準備發言的同仁。梁主委說：「黨和政府當然不會打農民的主意！可是話又說回來，要掌握糧食，不打農民的主意，又打誰的主意？議員應該以黨國利益爲重，不應存有本位主義。本案一定要支持通

過！誰要反對，除非他不當國民黨黨員！」此話一出，全場寂靜無聲，大家面面相覷。許信良抑制不住激動，站起來說：「主委，如果本案不照大家的意見修正，我一定反對到底！即使不當議員，我也要反對到底！」……無論如何，許信良無法相信有違背人民利益的黨國利益。……最後聯合審查委員會勉強接受許的意見，一方面同意省政府提高稻穀徵購量的提議，一方面也修正省政府提案中有關徵購價格的規定：其標準應優於市價。

　　許在省議會經歷的第二個危機是：「胡說八道」風波。源於 1974 年 5 月，省議會審查鐵路局預算時，許在質詢鐵路局陳德年局長時說：「你們業務部門的印刷裝訂費，明明只編列了四百八十多萬元，怎麼能包括印車票的一千一百萬元呢？你不能胡說八道！」陳局長受不了這樣的指責，答覆說：「我希望許議員尊重一點，尊重我的人格。這樣講，大家都不好看，我非常尊重許議員，大學畢業生，能說能寫。我是活了六十幾歲的人，我希望……」許回說：「議會發言本來如此，比這更兇的在國外議會都有。你不知道的卻亂講，我說你胡說八道，你本來就是胡說八道。」……許說：「我認為鐵路局長沒有權在議會裡面要求議員的發言態度應該怎麼樣。這是原則問題。公開地在議會要求議員客氣，這怎麼可以？議員的發言態度是議會本身的事情。那有民主國家的官員公開要求議員說話要客氣？」……議員在議會的發言，是在行使一種政治制度上的功能，不是表現個人的做人涵養。

許議員經歷的第三個危機是：「學生團體平安保險辦法」，差一點遭受中國國民黨的黨紀處分。1974 年 7 月第三次臨時大會，省政府提出學生平安保險，許詳細研究之後，發現這個辦法是假社會福利之名，行商業營利之實，是省營的台灣人壽保險公司，爲挽救虧損連連的營業，所開出的一劑起死回生的藥方。議會同仁大多數不滿意這個辦法（保險時期學生每日在校的六小時；學生遭意外傷害時，醫療給付每日一百元，最高以一百五十日爲限；死亡給付爲六萬元。）後來大會決議：重新協調後，提交下次大會討論。第四次大會做成附帶決議：學生之醫療費用，應依實際情形從寬給付，但最高不得超過一萬五千元。孰料，第五次大會，台灣人壽保險公司又提出修正案，將醫療給付限制爲最高六千元，並透過省黨部，要求黨籍議員不再提出異議。因而惹怒了議員，財政委員會召集人董錦樹不願審查此案，直接送大會討論。在大會中，許信良堅決主張維持第四次大會的決議，此案因此又被擱下。省黨部遂決定對許信良施以黨紀處分。後又過了約半年，省黨部書記長吳思珩約見，表示爲愛護許，將提請省委員會撤銷處分，要許寫個報告，說明一下。許就寫了一份「上省委員會諸先進書」，表示他的懺悔與感謝。

　　「我的同仁」篇有〈議會沿革〉、〈議員類型〉、〈議會職權〉、〈有苦難言〉、〈當仁不讓〉、〈議會職員〉、〈議員待遇〉等七節。

　　省議會於 1946 年 5 月 1 日成立，其歷史可以分爲三個階段：參議會時代（1946~1951）、臨時省議會時代

（1952~1959.6.）、省議會時代（1959.7.~1997）。

《風雨之聲》在省議會掀起軒然大波，就是〈議員類型〉一節。許信良將議員同仁分爲四類，而未將自己列入，有點「眾人皆醉我獨醒」的感覺。平心而論，沒有讀過《風雨之聲》的人，望文生義，自然看不順眼；但如看過他對這四類的解釋，就會體諒他並無惡意。所謂「世家」：是指他們從政，得自家族長輩政治勢力的餘蔭者多，得自本身努力者少。其參選，與其說是爲維護家族利益，不如說是爲維護家族聲譽。

所謂「財閥」：是指他們的政治力量，主要來自本身雄厚的財力，而不是來自群眾基礎和政治手腕。其參選，求名的動機實在多於求利的動機。所謂「公教人員」，其共同點是：經濟狀況平平，比較敬業，出席率較高，發言建議比較謹慎，比較具有理想主義的色彩。

所謂「職業政客」：是只靠選舉取得政治職位，並且以此爲一生主要事業的政治人物，並不含任何貶損的意思。他們一生不斷從事競選，對運用權力的興趣，遠超過獲取實際的利益。他們的當選，主要不是靠財富，是靠他們縱橫捭闔的政治技巧。在民主政治生活中，他們必然成爲政治力量的主流。

因而引發省議員陳天錫、王安順、李炳盛、何寶珍、陳新發、趙森海、董錦樹七人於第五屆第九次大會提出〈省議員連署譴責許信良著《風雨之聲》臨時動議案〉，指責許信良：自作聰明，別出心裁的將議會同仁劃分爲「世家」、「財

閥」、「公教人員」、「職業政客」四類，而他自己卻不歸類，這是不是他自感心虛的表現？抑或是他自己覺得他是四類以外的不倫不類？一個連自己都無肯定，無法了解的人他有資格肯定別人？了解別人嗎？

《風雨之聲》幾乎有四分之三的篇幅是許在歷次省議會總質詢的紀錄，如此現象要回到當時國民黨一黨獨

許信良，《新興民族》，遠流版，1995年3月初版。

大的「黨國威權體制」橫行去了解：如執政的國民黨對議會和選舉的輔導作風，就可以直接或間接影響民意代表在議會內的職權行使；同時，國民黨政府的新聞政策，是慣於「報喜不報憂」，在政治面上，只鼓勵歌功頌德，並不希望評論是非。

早些年，曾聽友人戲言：「黨外人士是國民黨製造出來的。」證之國民黨與許信良間之恩怨情仇，或許可以找到部分的答案。

b. 《當仁不讓》

長橋出版社 1977 年 8 月 1 日初版

「選舉」在民主政治上最重要的意義乃是原有統治力量藉著妥協的行爲，以達成兼榮共存的一種制度。

　　　　　　　　　　許信良本書〈二十五年來台灣的選舉〉

長橋出版社負責人鄧維楨在本書〈鄧序〉之中告訴我們這本書的內容，以及他爲何出版本書的來龍去脈，讓讀者可以體會許信良的思想與抱負。

《當仁不讓》由三個部分組成，分別是：

訪問篇是（1977 年）5 月22 日晚間，許信良接受長橋出版編輯部邀請，做了長達十小時的訪談。從怎樣做桃園縣長，到國內外大事，幾

許信良，《當仁不讓》，長橋版，1977年 8 月初版。

乎無所不談。這次訪問談話，也許把它形容做「口試」比較適當。

許信良的政論，這些文章大部分發表在他三十歲那一年。重讀這些作品，許信良感慨很深—當年的問題依然存在，可見他的建議仍未被重視。

第三部分則是《風雨之聲》出版後，輿論和讀者來信的摘要。這些輿論和來信，不管說些什麼，都使得作者和編者

深深地感動；都是促使作者繼續奮鬥的驅力。

《當仁不讓》是編者取的書名。這和慣例不同，一般的書名一定有和它的內容有關。這本書的書名表達了編者和讀者的鼓勵和督促─希望作者在未來的政治生涯中繼續維持這個原則。

第一部「從桃園縣長談到我國目前的處境和迎應之道」訪問稿摘要：

〈桃園縣長〉

問：請問你爲什麼會對百里侯感興趣？

答：現在，中央對地方的重視，超過從前。光是省府對縣市財政的補助，下年度就編列了一百四十七億。所以，現在的縣市首長都有相當充分的權能，可以施展自己的抱負，可以謀民眾的福祉。

就我個人來說，我從少年時代就決定獻身政治，可以說是立志當「職業政客」。而我又是一個重視經驗的人。……我認爲縣政的經驗是一個在政治上有抱負的人最需要的、最有益的經驗。

問：你是不是認爲現在的地方行政有缺點？

答：我覺得現在地方行政的缺點，可以用兩句話來概括。一是「不急的建設」，一是「無效的行政」。地方首長們多數喜歡錦上添花，不喜歡雪中送炭。建設當然重要，但有輕重緩急。我以爲地方政府的錢，應該優先用於照顧中低收入大眾。至於地方建設，則不妨盡量鼓勵和幫助民間企業

投資從事。

問：你提到政府的錢應該優先用於照顧中低收入大眾，你有何具體構想？

答：如果我是桃園縣長，想做的第一件事，就是對於低收入者實施重病醫療補助。……人間最難過的事，莫過於見死難救。所以，我認爲幫助無力就醫者就醫，是仁政的開始。其次，我要在農村與工業區普遍設置公立托兒所和幼稚園。其他像勞工住宅以及容納攤販的市場的興建，都應該列爲縣政的優先項目。

問：你能不能就桃園縣的特殊情況，談談桃園縣的當務之急？

答：就發展現狀來說，桃園縣是最足以代表本省的一個縣—工商急速發展，農業依然重要，而社會正大步邁向現代化。

工廠的外來人口激增，是最主要的特色。這也帶來了許多問題，最嚴重的是工業公害、都市發展，以及社會治安。工業公害產生的原因，不外兩點：一、在不適當的地點設廠；二、工廠的設備不夠完善。要根除工業公害，該遷廠的必須讓它遷廠，該增加設備的必須讓它增加設備。縣政府所能做的，是採取比較強硬的態度來處理這個問題。……其次，公害如果造成人民財產的損失，我認爲縣政府應該堅定地站在受害者的百姓一邊，支持他們做合理賠償的要求。……都市與社區下水道的整建，應該列爲縣政府最優先項目。都市犯罪的雛型已經出現。改進之道是裝備必須機動

化，組織必須集中化。對這種犯罪，防止重於偵破，事先的嚇阻重於事後的懲罰。只有集中，才會有足夠的警力可以調配；只有機動，才能迅速有效地阻止和處理都市犯罪。

問：你認為縣政府應該為年輕人做些什麼事？

答：今天，年輕的一代所面臨的最嚴重問題是就業與婚姻。在縣政府的權責範圍內，如果不能對青年就業給予有效的幫助，至少應該提供公平的機會。縣政府社會科在這方面應該可以發揮積極的功能。適婚年齡男女找不到合適對象，在我們社會愈來愈普遍。在這方面，縣政府所能做的，是大力倡導正當的社交活動。

問：你曾提到「無效的行政」，可否就縣政方面舉出一些實例？有無改善之道？

答：所謂無效，一方面是指效率，一方面是指效能。行政效率與服務態度問題，牽涉到整個人事問題。全面的改善，不是縣市首長個人所能為力，縣市首長所能做的，是盡量作到考核、獎懲、升遷的公開與公平。談到效能，最值得檢討的是社會行政，這主要是人為因素所造成。換句話說，這是負責者想不想做好的問題，不是能不能做好的問題。

問：許多人認為你是問題黨員，你如何解釋你的作為和黨的利益間的不協調？

答：這要看所謂黨的利益是什麼。國民黨是有光榮歷史的政黨，是負有神聖使命的政黨，現在是執政黨。……無論是為了歷史光榮的承續，神聖使命的完成，或者只為了政權的維繫，國民黨都極須恢宏志士之氣。看到現在許多拘謹、

小器、畏首畏尾、疑神疑鬼的黨工幹部，我想，凡是愛黨的人都會深覺沉痛。

〈中美關係〉

問：現在讓我們換個話題，談談你對中美關係的看法。

答：我的看法是：美國和中共的關係遲早要升級，而且美國政府的對華政策似乎已經定案。這已定的方案中極可能包括斷絕和我們的外交關係，以及廢止中美共同防禦條約。……對我們有利的因素是：美國國會和輿論反對這種方案的聲浪越來越高。對我們不利的因素是：卡特總統聲望正隆，如果現在不斷然決定，以後可能困難更多。

問：你認爲美國早晚將在中共的壓力下犧牲台灣，放棄對台灣的支持？

答：我曾經多方接觸，得到的印象是：美國的外交政策可能改變，「實質」政策將不致改變。換句話說，美國將繼續支持維持台灣現狀的努力。原因不難推想。第一，台灣在美國的全球戰略和政略上，地位依然重要。第二，在台灣投資的美商以及我國政府在美國政界的友人對美國國內政治的影響力不容忽視。第三，一千六百萬朋友的自由和幸福，對於美國的政治領袖和全國國民來說，總是相當有力的道德呼喚。

問：我不太了解，外交政策的改變、怎能不影響到實質的政策？

答：我個人的看法、美國政府如果斷然採行斷交廢約

的對華政策，那是基於一種假定：台灣的現狀不致因而改變。……所以，只要台灣能夠繼續維持足夠的防衛武力，繼續維持經濟的成長繁榮，斷交廢約並不能在實質上改變什麼。

問：你個人是不是同意那些美國的中國問題專家的看法？

答：我以為斷交廢約對我們所產生的實質影響，不是那些美國的中國問題專家所能正確估計。不過，這主要是我們本身的問題，我們本身的能力與信心的問題。

問：在這種情況下，你認為政府應該做怎樣的努力？

答：政府最需要的，是以成熟的態度，面對逆境，不只要效法勾踐的臥薪嘗膽，更要效法他的忍辱負重。國家大事是意氣不得的。首先，政府應該儘量讓民眾了解事實。了解可以減少疑懼，了解可以增強信心。其次，在外交的努力上，應該儘量防守可以防守的防線，不要在必不可守的防線上作主力決戰。經濟的繼續繁榮和防衛力量的繼續增強，關係國家未來的生死存亡，這還得靠現在的外交努力。

最後，我認為政府應該以更實際的態度，重新評估我們的國防力量和部署。我們以後真的得靠自己了。

問：你是不是對國防上有什麼意見？

答：不能算是意見，只能說是憂慮。兵法上說：先為不可勝。以敵人今天的軍事實力與軍事部署，當然不容易勝過我們。但是，假定他們作長期準備，動員一切力量，發動攻擊，我們是不是也能立於不敗之地？這應該是我們國防建設

的基本考慮。基於這種考慮，我大膽地提出兩個杞人之憂。

第一，孫子兵法談戰爭的原理，首先論「道」。所謂道，是讓舉國「可與之生，可與之死」的價值信仰與修明政治。我的憂慮之一，是我覺得我們的社會對於國家根本的政治價值存在著歧異。……如何異中求同，建立一個能被絕大多數同胞所接受，能鼓舞絕大多數同胞拼死一戰的政治價值，是今天我們國家的政治家的重責大任。

第二，衡量我們的經濟力量，我們不可能和敵人從事長期的軍備競賽。我們的國防建設，目標應該是建立一個最有效、最經濟的防衛系統。……在防禦上，台灣最有利的地理條件是台灣海峽和中央山脈。充分運用這有力的地理條件，可以有效地抵消敵人的空軍和陸軍優勢。

總之，如何實實在在的根據本身的經濟和地理條件，建立在任何情況下都能立於不敗之地的國防力量，也是在中美外交關係改變後，政府應做的主要努力。

第二部「青年與選舉」中，〈選舉萬歲〉是鼓舞年輕人對選舉要參與，要熱情的參與！參與競選！參與助選！參與投票！在現有制度下，這是把社會帶到新時代的唯一有效的途徑。〈麥高文奇蹟的意義〉及〈新潮湧向邁阿密〉兩文，敘說 1972 年麥高文在美國民主黨內初選所創造的幾項奇蹟：一、它挽救了民主政治。二、它改變了美國兩大政黨的傳統陣勢。三、它鼓舞了世界年輕一代的自信。〈二十五年來台灣的選舉〉和〈論人事與制度〉兩文是多人集體創作，是《大學雜誌》的重點文章。〈太陽底下沒有完美的事物〉

是結集成冊的《台灣社會力的分析》一書的序言：……我們所以共同寫這篇文章，只因為我們對這個社會具有同樣的熱愛與同情。我們深切的希望以我們的良知與理性喚起這個社會的良知與理性！……我們相信：只有眞正的認識，才可以產生眞正的覺悟，眞正的信心。……認識社會眞正的問題，把握社會眞正的力量，我們才有可能從根本上建設一個無憂慮、無恐懼的公平、富裕、合理的社會。……我們只想赤裸裸地把病根告訴還可以救治的病人，我們並不想責備任何人。我們絕不相信一個眞正的愛國者應該努力於掩飾自己國家的弊病。……古今往來最好的，最受人民支持的政府，都是在當時受到最多批評的政府；而最暗無天日，最為人民所痛恨的政府，反而是受到最多歌頌的政府。

〈法統與國會〉文中，作者主張：一個政權的合法性可以有不同的依據。以中國歷史為例，大概不出五種。分別為一、假藉神意。二、繼承。三、禪讓。四、革命。五、良好的統治。……在今天，使一個政權合法化最有效、最容易被接受的方式，是透過人民的選票。一個定期由人民普選產生的政府，它的合法性不但本國人絕不置疑，就是外國政府也樂於接受。……我們所以主張全面改選中央民意代表，主要是基於兩個理由：

一、現有的中央民意代表群的代表性，已經明顯的不被多數國人所接受。

二、普選是使政府的合法性最容易被接受的依據。政府

的合法性的最後基礎在於人民的同意。我們絕對相信：自由中國人在自由國土上基於自由意志所同意的政府，一定會被全體中國人所同意。

第三部「我的回答」，許信良以〈偏激與保守〉一文，作為對《風雨之聲》各方評論的回答。他說：這本書的第二章談我的同仁（其中最引起憤怒的一篇是「議員類型」），只是以一個政治系畢業生的態度，客觀的敘述我所知道的議會，供有心研究議會制度的人士參考，意不在褒貶，也不避褒貶。……這一章加給我的同仁以及議會意想不到的傷害，我深覺歉疚。……自衛是人類的本能，那些自以為受傷的同仁，有權利洗刷和反擊。……就像我在書中所說的，「我的意見，儘管不一定成熟，也不一定周密，總是出自我對所屬的社會的關懷，以及由此而生的憂慮。現在重讀四年來我說過的話，我還是覺得有許許多多事，事雖過而境未遷。我多麼希望化我個人的關懷與憂慮，為整個社會的關懷與憂慮！」……「自以為是」是人類的習慣。人們很容易把不同於自己的想法當作是偏激的想法。……當社會結構迅速變遷的時候，政治上的抱殘守缺，必定促成激進主義的抬頭。而政治上中庸之道的把握，有賴政治領袖的毋意、毋必、毋固、毋我。

2017 年 11 月 19 日正值「中壢事件」四十週年，許信良應主辦單位之邀，在中壢藝術館演講廳發表專題演講，他熱情的回顧一生從政的目的─為創造一個更美好的台灣而努

力。如同他在 1998 年 7 月 18 日第二度擔任民進黨主席時在第八屆黨代表大會的「卸職演說」中期許同志們：「今天，站在歷史的分水嶺上，民進黨人必須永遠記得：我們對台灣的命運負有特殊的使命。在處理台灣歷史命運這個重要議題的時候，我們必須超越個人以及黨派的考慮；我們必須凝聚台灣社會最大的共識，共同為保護台灣的生存和發展而繼續前進。」

有人戲稱他為「變色龍」，但是觀察他一生所做的政治思考與行動，從來是以「台灣的未來」為其行動的源頭。

夏珍，《許信良的政治世界》，1998 年 7 月 8 日第一版。

許信良，《台灣現在怎麼辦》，2013 年 6 月第一版。

作者簡介：

許信良，桃園人，1941 年生，政大政治系畢業。
1969 年曾任職國民黨黨工，參與《大學雜誌》。
1973 年當選省議員。1977 年出版《風雨之聲》及《當
仁不讓》兩書，執意參選桃園縣長，後高票當選桃園
縣長。1979 年，許末請假南下參加橋頭示威，被國
府停職二年。任《美麗島》雜誌社長並出國進修，「美
麗島事件」後在美組織「台灣建國聯合陣線」，因「叛
亂罪」通緝而流亡。1986 年闖關回台被拒入境爆發
桃園機場事件。1989 年回台被捕入獄，翌年特赦出
獄。兩次出任民進黨主席（**1991、1996**）。1999 年 5
月宣布退黨，以獨立候選人身分參選總統。2008 年
8 月，接受蔡英文主席之邀，重新加入民進黨，成為
永久黨員。

Chap 9

《選舉立法始末記》

本社編輯部　八十年代出版社　1980 年 11 月 1 日初版

台灣警備總司令部 69.11.11. 隆徹字第 4892 號函

主旨：由八十年代出版社出版、發行、編輯部編著之《選
　　　舉立法始末記》一書，內容淆亂視聽、挑撥政府
　　　與人民情感，依法查禁，請查照轉知、查照辦理。

說明：

一、由八十年代出版社編輯之《選舉立法始末記》一書
　　　（三十二開本，平裝一冊，三五八頁，發行地址：台北市
　　　重慶南路三段十二號六樓，於中華民國六十九年十一月一
　　　日出版），內容否定法律、詆毀法統，淆亂視聽、挑
　　　撥政府與人民情感，足以影響民心士氣。

二、依照〈台灣地區戒嚴時期出版物管制辦法〉第三條
　　　第六、第七款及同法第八條之規定予以查禁。

從選罷法的立法過程，我們可以非常清楚地看出，這個法律是缺乏民主精神、缺乏民意基礎的。這種對法治的歪曲，正是台灣內部擾攘不休的癥結所在，使民主與法治變成對立的武器，被政爭的雙方當作飛鏢一樣地擲來擲去，而忘記民主與法治是相輔相成的，合則兩立，分則雙亡。

願本書成為一面歷史的鏡子，當權者照照這面鏡子，可以看出自己對法治與民主的面孔，今後會在民意之前更加謙虛。最大的期待是，讓民眾再度瞭解我們的法律程序是如何地背離民意，從而自覺到維護自己權益的重要，共同促進制衡力量的成長，並為一個真正代表民意的立法院的早日誕生而作鼓吹，因為唯有那個時刻，我們才有實行法治的可能。

康寧祥本書序言〈法治的鏡子〉

康寧祥在其回憶錄《台灣，打拼》第五章〈鳳凰浴火─黨外重生〉內，專闢一節「動員戡亂選罷法，專對黨外劃框框」，這樣說：

「……不過對我這個習慣在立法院單打獨鬥的立委來說，國民黨立委再多，也沒有院外千千萬萬等著公平選舉的人民多，我的意見明知道會被否決，該講的道理還是不能不說，於是我逐條保留、逐條發言，希望留下黨外立委發言的紀錄，讓歷史做見證。後來那些發言都刊載在《立法院公報》，《八十年代》助理林世煜也將這立法過程整理成十幾萬字的《選舉立法始末記》，由『八十年代出版社』在1980 年 11 月間發行，揭發不少國民黨在立法過程的醜態，

只是出版後不到一星期就被查禁。」（p.306~307）

編輯部，《選舉立法始末記》，1980年11月1日初版。

根據筆者的查證：《選舉立法始末記》是「八十年代出版社」編輯林世煜以本社編輯部名義於 1980 年 11 月 1 日出版，32 開本，376 頁，被警備總部於 11 月 11 日發出（69）隆徹字第 4892 號函查禁，原因是違反〈台灣地區戒嚴時期出版物管制辦法〉第三條第六、七款，依同法第八條之規定，予以查禁處分。

1980 年 5 月 6 日，立法院三讀通過〈動員戡亂時期公職人員選舉罷免法〉，這是蔣家掌控台灣三十多年來第一部「選舉罷免法」。

這部「選舉罷免法」，內政部是由 1973 年開始草擬；當年 10 月，康寧祥以〈地方自治法制化〉爲題，質詢行政院長蔣經國，首次呼籲制定選罷法及完成〈省縣自治通則〉三讀程序，蔣經國不爲所動。其後的兩年再度提出質詢，蔣均不置可否。內政部在 1975 年已經完成選罷法草案，卻只能「留部不發」，不敢呈報行政院。1977 年五項地方公職人員選舉，國民黨「做票舞弊」而引爆「中壢事件」，蔣政權依然「處變不驚」。1978 年 12 月 16 日，美國總統卡特

宣布「美中建交」，蔣家政權最重要的邦交國都棄它而去，蔣經國只好把選罷法的立法、國會議員增補選等充當政治改革戲碼，搬上檯面。

蔣經國在國民黨第十一屆四中全會閉幕式（美麗島事件大逮捕翌日，1979 年 12 月 14 日）宣布：「國民黨執政期間絕不會發生軍事統治的情況。」1980 年 1 月 9 日，國民黨中常會通過內政部草擬的〈動員戡亂時期選舉罷免法草案〉，行政院院會於翌日也照案通過，並於 14 日函送立法院審議。

事實上，內政部再度著手起草選罷法草案，仍然閉門造車，大搞科員造法；熱心的專家學者在報章雜誌上不斷發文，表達他們的期待與憂心，如呂亞力、胡佛、曹俊漢、荊知仁四位教授在聯合報（8 月 6 日）提出〈一部好的選舉罷免法立法的五項原則〉，其五項原則是：一、滿足大眾參與的需求。二、遵循憲法的基本理論。三、固守刑罰的現代觀念。四、維護法律的完整體系。五、考慮執行的實際可能。

這五項原則的基本意旨是要使民主法治的崇高理想落實在現實的時空之中。而民間除了對選罷法的精神與內容不斷提出主張之外，更對邱創煥領導的內政部「閉門造法」的過程提出批評。1979 年 8 月底，「選罷法草案」全文遭到《台灣時報》曝光，國人一片嘩然，國民黨依舊老僧坐定不動如山。「選罷法草案」內，針對黨外候選人的限制條文，有：政見會「私辦在前，公辦在後」、「候選人不得越區助選」、「候選人年齡以及學歷的限制」、「競選活動、言論的嚴格限制」等。

康寧祥面對如此偏差的選罷法草案，為表達黨外陣營的看法，他也擬就一分對案，邀請許世賢、黃順興一起連署，在一讀會提案。他們代表黨外陣營主張「設立常設的全國性選舉罷免委員會，由各黨派公推人選，但任何政黨不得超過半數」、「取消候選人資格檢覈及最高年齡限制」、「放寬競選活動時間」、「公平運用大眾傳播」、「擴大公費選舉範圍」、「不限制學生參選、助選」等等，這些在一讀立法過程均被否決。

一讀會由內政、法制、司法三委員會組成聯席會議，共有 71 位委員，他們的年齡一共 5,060 歲，平均超過 71 歲，其中 58 位是中國選出來的委員，其他 13 位是 1969 年以後在台灣增補選出來的；如依黨籍分類，只有 3 位青年黨，3 位黨外（許世賢、黃順興、康寧祥），1 位被國民黨開除黨籍的無黨籍（費希平），其餘 64 位都是中國國民黨黨員。

因為朝野席次的懸殊，雙方爭辯時，一動用表決就沒有在野的空間，幾位在野立委能做的是以理服人，只要行政院代表不堅持，或無其他國民黨立委作梗，在野立委提出的修正意見也有被接受的機會，這也就是行政院版的選罷法草案在一讀會就有二十二處被修正的原因。

選罷法的立法會拖延三十年，這些老賊立委是最大的阻力，雖然是國民黨中央通過的政策，老賊們一開始還在質疑它的必要性，認為國大及立監委選舉早就有法可循，何必要重新立法，蔣經國想要在「動員戡亂體制」之下包裝一些民主表象，試圖立法安撫外交遭挫敗、內政被高壓的台灣民

氣；而這些老賊立委卻只想把三十多年前在南京制訂的法律搬來台灣用即可，這些老賊立委的想法被國民黨立院黨鞭用「動員戡亂時期」的大帽壓伏。因為國民黨只肯訂定「動員戡亂體制」的選罷法，法條從內政部草擬階段就違背了民主精神，全案送到立法院後，遇到這一票脫離現實的老賊立委就更難翻案。

有關軍公教人員違法競選或助選之行為，是毫無禁制及罰則，但有關候選人、助選員及一般人之助選活動卻條列九大項，不但嚴苛並且是針對黨外候選人的選舉形態加以限制，如規定候選人不能「在自辦政見會外另行公開演講」，這對擁有組織動員特權的國民黨候選人是無關痛癢，但是對在野人士而言則變成只能在官辦的政見會演講而已。國民黨蔣經國黨主席的從政同志（包含軍、警、情、特等），卻能利用政府機關各種動員月會、自強活動或國民黨內諸種活動，來為其黨內候選人拉票造勢，而在野候選人若到民間的青商會、獅子會、扶輪社及喜慶宴會上說幾句話都屬違規。

更為惡劣的是，選罷法對於競選或助選言論的嚴苛限制，國民黨政權一點也不以因為選舉舞弊而引發群眾暴動的「中壢事件」為恥，反而變本加厲，用選罷法來箝制候選人、助選員的言論，遂使用定義模糊的字眼來規定候選人及助選員不得「煽惑他人犯內亂或外患罪」、不得「煽惑他人以暴動破壞社會秩序」等等，更將觸犯者的刑度加重，黨外立委雖然反對，但均被否決。1980 年底參選立委的張春男與參選國代的劉峰松都因競選言論而被判重刑。

國民黨對於中央選舉委員的定位及組合，也是用「動員戡亂體制」來解讀規畫的，其堅持「中央選舉委員會置委員九人至十五人，由行政院長提請總統派充之，並指定一人爲主任委員，其組織規程由行政院擬定，呈請總統核定之。」、「中央公職人員及省、市議員選舉，由中央選舉委員會主管，並指揮監督各級選舉委員會辦理之。」依此規定，則中央選舉委員會的建制不明、權責不清，無法成爲常設機構；其次，包括中央及地方的選舉都由中央選舉委員會指揮監督，但是中選會委員的組成卻由行政院長提請總統任命，國民黨御用中選會的態勢是毫不遮掩了。

　　康寧祥發言指出選罷法是一種政治競賽規則，必須要參加比賽的選手都樂於接受，若競賽規則只利於甲方，對乙方不利，如此不公平與不合理的規則會使參賽者無法信服，在競賽過程中因不遵守規則而引發無謂的衝突，將會層出不窮。他遂主張「參加競選的各個政黨能夠參加選舉委員會，使選委會能夠保持中立性、超然性，以便共同監督整個政治競賽，並公平、公正地執行競賽規則。」他語重心長地說：「我們舉行地方選舉已有三十年的歷史，每次競選都不免有風風雨雨的各種謠言，而競選過後也有很多人不平，但卻沒有一個公正的機關出來主持公道，如果現在我們能成立一個超然、中立、公正的選舉委員會，選舉時的風風雨雨都會由此一委員會得到徹底、完全的澄清，我們政治的公正性、公平性也會有很大的幫助。」（《立法院公報》第 96 卷第 33 期，p.23）

雖然在野立委苦口婆心的發言，老賊立委卻當成馬耳東風，如國民黨立委黨部常委黃通老賊（法制委員會）說：「我國自辦理選舉以來，從未有過不公正、不公平、不公開的情事，若說有瑕疵，只能說是國民黨太大、黨員太多，難免有不肖之徒參雜其間。」老賊立委牛踐初（內政委員會一霸）說：「我國政府並非各政黨聯合組成，與各政黨聯合政府性質不同。」因此他將「中央選舉委員會委員由各政黨、社會人士共同推薦組成」之主張扭曲為「分一杯羹」。李志鵬說：「依行政命令組織選舉委員會，也未聞有不公正、不法的事發生，因此行政院草案規定無不當之處，本席以為如果現在採分羹制度，不但不利於未來民主政治的發展，反而會有極大的禍害。」如此差勁的立委，國民黨還獎賞他，派他去司法院當大法官呢！

其實，國民黨不願調整其一黨專政獨裁的心態，整部選舉罷免法只是為了方便它一黨專政獨裁而設計的，所有條文對政黨提名、輔選、同黨候選人聯合競選等政黨在選舉中的活動，毫無涉及；康寧祥在審查過程中提議增列第六節「政黨與其他政治團體之選舉活動」的五條條文，對此有所規範，卻都不受理。這部選罷法呈現出：

1. 國民黨包辦選務行政與選舉監察，完全違反正常政黨政治下，各黨派共同辦理選舉並且共同監察選舉的基本原則。

2. 對在野黨派需要的選舉活動百般約束，這些限制無非是為了要束縛無法打組織戰而須賴宣傳戰取勝的反對勢力。

3. 國民黨擁有大量來路不明的政治資金，縱容其黨籍候選人非法使用，在如此不平等的基礎上，在野黨派無法與其公平競爭。

選舉罷免法經過一讀會在野立委群起攻擊加之媒體配合報導下，國民黨內若干增額立委的立場已有動搖；惱羞成怒的國民黨中央在二讀會剛開始的 1980 年 3 月 13 日，馬上召開一場黨政協調會議，用來統一黨籍立委口徑，作成七點決議，包括：

1. 選舉罷免委員會隸屬於行政院。

2. 候選人學經歷及年齡的限制，要堅持到底。

3. 放寬學生參加競選的限制，「授權」立法院規定空中補校及博士班學生得登記為候選人。

4. 選舉活動的項目及限制，不得放寬。

5. 政見發表會分為公辦、私辦，私辦在前，公辦在後。

6. 罰則必須保留，刑度可以斟酌。

7. 原則上選舉訴訟一審終結，但可以放寬再審條件。

國民黨要它的黨籍立委閉嘴，在野黨派立委還能爭些什麼？國民黨有的是多數決的武器，隨時可以否決在野黨派立委的意見，更可以「停止討論」的程序動議封殺在野黨派立委的發言權，中國青年黨立委就是在這種壓制之下，以「退出審查」來杯葛國民黨，以凸顯國民黨的鴨霸。

林世煜在本書第五章不無感慨的說：

法既然是雙方實力互相制衡的契約，是任何勢力不可橫

林世煜，《都是為她》，新新聞，2000
年10月初版。

林世煜‧胡慧玲，《白色封印》，2003
年12月初版。

加干涉的，它就必然與民主共和的觀念共存共榮。飽受現代
文明洗禮的社會，早就懷抱天下爲公的認識，他們要求確立
的選舉罷免法，當然是一個人人可以遵循的公平競爭的政治
規範。他們要求它超出任何勢力的箝制之下，或成爲一個平
等的政治契約和競賽規則。事實上，這就是現代政治體系最
起碼的條件。當然，這樣的主張，對習慣於封建政治傳統的
人來說，是絕對不可思議的。他們習慣於建立絕對的政治權
威和清一色的政治結構，政治競爭的心態是猜忌與嫉恨，迷
信權威的強制力，而無法信任理性的法治。

這種截然不同的立場，經過三十多年的醞釀，從六十八
（1979）年八月二十七日《台灣時報》披露選罷法草案開始

後，展開了持續半年多的爭論。這期間兩種不同的政治文化互相糾纏折衝，實際上便是新舊兩個世界的鬥爭。而六十九（1980）年五月六日三讀通過的選舉罷免法，只不過是贏家的戰利品罷了。」

作者簡介：
林世煜，台南安平人，1953 年生。政大外交系畢，政大政治研究所碩士。曾任《八十年代》編輯、《進步》及《深耕》系列雜誌總編輯，政治評論散見雜誌與報刊，是朋友口中的「麥可」，才思敏捷、心念台灣，參與時代力量黨的創黨工作，擔任主席團主席兼智庫執行長，著作有：《都是為她》、《台灣茶》、《台灣蔬果生活曆》、《白色封印》、《週記 2000》等書。

《一個小市民與老長官的政治對話》

康寧祥 / 王兆釧著　自印　1980 年 11 月初版

台灣警備總司令部 69.11.18. 隆徹字第 4994 號函

主旨：《一個小市民與老長官的政治對話》一書，内容
　　　混淆視聽，依法查禁，請查照轉知、查照辦理。

說明：《一個小市民與老長官的政治對話》一書（四十八
　　　開，全書六十三頁，康寧祥、王兆釧合著）内容
　　　不妥，經核違反〈台灣地區戒嚴時期出版物管制
　　　辦法〉第三條第六款，依同法第八條之規定，予
　　　以查禁扣押，並請清查報繳。

在軍中從事政治教學，原本無可厚非，但是，我們今天的政治作戰，除了針對共產黨的統戰予以還擊之外，卻一方面花費了不少的人力、物力和財力，在對付政治上的異己，製作各種節目，印製各種刊物，來醜化無黨籍人士，隨時在灌輸一些似是而非，懵懵懂懂的奇談怪論。這些奇談怪論，有些是明明白白地在反民主，有些則有意無意地在曲解民主。花費了人民相當多的稅收，卻拿去作為政爭之用，實在令人傷心。然而花錢畢竟事小，我們真正擔心的是，那些沒有學理根據，沒有經驗基礎的奇談怪論，不知會在世道人心上灑下多少迷霧？而在我們從事三民主義的民主、理性、開放的社會建設上，又不知會造成何其大的阻礙？

我們有感於民主、法治的香火不能斷，特收集前述各種奇談怪論，加以排比，借用一位小市民和他從前老長官的一段對話的方式，一一予以批駁。「老長官」所說的這些話，百分之百不是我們所編造出來的，而是取材自國民黨各種宣傳刊物，其中且有原文照抄，未予刪動者。

本書之〈前言〉

筆者所有的這本《一個小市民與老長官的政治對話》，綠色封面無印字，長寬 27.5 公分 ×18.8 公分，比十六開雜誌大一些，這是當時使用的中文打字校對本。此書係當年由《八十年代》的康文雄先生所贈與，他也告知作者為李筱峰，因此封面文字是筆者自寫，卻不小心寫成李「攸」峰。迄 2017 年 3 至 4 月，為配合台中新文化協會在台中文學館

的黨外禁書展，筆者提供數百本參展，李筱峰教授曾去參觀，北返後在某出版社與筆者巧遇，告知筆者其名字寫錯一事，我趕緊道歉，回家後急忙找出改正，也由李教授親口證實作者是他本人。

康寧祥・王兆釧掛名（幕後作者李筱峰），《一個小市民與老長官的政治對話》，1980 年 11 月初版。

這本原尺寸四十八開，六十四頁的小冊子，只有三萬多字，是康寧祥與王兆釧兩人於 1980 年聯合競選立委及國大代表的文宣品，目的在拆解國民黨一些似是而非的謬論，更刺破國民黨的「吹牛」，同時為保護作者，因此對外將作者署名為康寧祥及王兆釧合著，警備總部更是大費周章，直撲印刷廠查禁扣押，只有極為少數殘本在市面流傳。

本書由前言、內文及結語三部分組成，筆者所有之校對本，內文單面印刷，共六十六頁，比較特別是在第三十二頁印上：（待續・請續見下冊）及印刷：三榮美術印刷公司（重慶北路三段二二三巷十五號）字樣；第六十六頁亦印上三榮印刷及地址，這是因為當年五月通過的〈選舉罷免法〉規定文宣品需由候選人簽名及公開印刷處所的法律所致。令人好奇的是，本來預定分成上下兩冊出版，後來又改成一冊六十三

頁，可惜的是遭警總查扣了。

以下就本書內文，抽樣來探討其悖論之處：

老長官（簡稱：老）：××× 這班人是野心份子，是陰謀份子，千萬不能支持這種人。

小市民（簡稱：小）：野心份子？我實在想不通，在台灣要當野心份子的話，要冒著種種的危險與不便，譬如，要冒著被捕、判刑、坐牢的危險，還要經常被跟蹤、被竊聽電話、被打小報告……有這麼多的危險與不便，幹嘛還要當野心份子呢？在台灣，要賺錢很容易，只要動個腦筋，耍點技巧，不愁轎車洋房；要當官，也很快，只要懂一點逢迎之道，拍拍馬屁，說說甜言蜜語，不難求得一官半職。我實在不懂，既然是野心份子，為什麼不走追求金錢和權勢，反而要去冒著妻啼子嚎，鋃鐺入獄的下場呢！甚至像林義雄那樣家破人亡的命運！到底，他們的野心用到哪裡去呢？

老：……以前共產黨叫喊著軍隊國家化，黨部要退出軍隊、退出學校，結果，我們的黨部退出軍隊、退出學校之後，共產黨卻進入了軍隊、進入了學校，以至最後整個大陸都淪陷了！所以，我們得到這些教訓之後，我們不再吃虧上當了！

小：大陸淪陷的原因非常的複雜，當時的官僚貪汙腐化的情況，到今天已經改革很多了，所以咱們也不必去翻舊帳，揭瘡疤。但是我們要痛定思痛，虛心檢討，不可遷怒諉過，把在大陸失敗的原因，推說是黨部退出軍隊和學校造成

的。至於，共產黨進入軍隊、進入學校，這是它的胡作非為，也是我們今天反共的理由。如果說，共產黨胡作非為，我們也要胡作非為，那麼我們還要反什麼共呢？用不合法的手段來反對不合法，結果還是自打嘴巴！我們要反對別人專制獨裁，本身就應該更努力的實行民主憲政，才能對抗共匪的極權專制。

老：大陸淪陷前，那些天天在叫民主自由的民主人士，後來都到哪裡去了呢？他們早在共匪的「改造」、「交心」、「下放」等一連串凌虐迫害之中，不是死於非命，就是下落不明，有哪一個有好下場？他們的下場，難道不夠給我們教訓嗎？還有我們怎麼不看看越南、高棉的淪亡呢？他們在淪亡前，也是有一些「民主人士」天天吵著政府不民主，結果把政府搞垮了，現在呢，大家逃命都來不及，都不曉得在喊什麼民主了！我們看看那些漂流在海上的難民，難道還不知警惕嗎？

小：在一個正常的民主國家裡，人民向政府提出要求，提出批評，這是極為正常的事。……如果要求政府民主，就會成為海上難民，國家就會淪亡的話，那麼，請問，世界上許多民主國家像英國、美國、日本、西德、瑞士、加拿大、以色列……他們有極充分的「公民權利」和「政治權利」，有極堅實的民主制度，為何這些國家不會淪亡，為何人民不會成為海上難民？反之，淪亡前的越南、高棉，他們的民主成分，他們的人權內容，可以和以上國家相提並論嗎？……我們如果有氣魄，敢擔當的話，就應該多多向西德、以色列

看齊，不要一天到晚老是自比越南，老是幻想著成爲難民。這種擔心成爲難民而甘願放棄一切權利的心態，完全是一種「逃避自由」的心態。這種心態的發端，是由於面臨困厄、徬徨、無助的環境時，不敢面對現實，無能承擔責任，而將命運委諸外在力量的一種依賴心理。這種心理，到最後，只有讓南越那些把美援物資拿出變賣而中飽私囊的政客軍官們更加膽大妄爲，只有讓阮文紹總統攜帶黃金逃亡更加順理成章而已。如果越南的敗亡，對我們眞有警惕作用的話，我們不要忘了：那些專發「國難財」的人，正是平日最喜歡發表宣誓、罵人不愛國的人。至於說到「民主人士」遭到整肅的下場，這正表示共產政權最怕民主，才會迫害民主人士，這也是我們今天反共的理由之一。

老：有一點我們必須把握，儘管我們可以「知無不言，言無不盡」，但是我們的言論絕不可以違反國策，不可以攻擊我們的既定國策！

小：「國策」是個很難令人理解的東西。國家的內政、外交、國防、教育……種種重大措施，算不算國策呢？如果算是國策的話，而這些國策又不可以批評，那麼我們想要「知無不言，言無不盡」，大概只能說說我家門口的電線桿壞了，或是我家後面的排水溝太臭吧？如果國家的內政、外交、國防、教育……種種措施，不算是「國策」，那麼「國策」眞是天馬行空，想批評它，也無所批評了。

老：我們今天不是有立法院、國民大會等民意機關嗎？行政院的施政，都要定期向立法院報告，接受質詢。可見我

們的國策是尊重民意的。

　　小：嚴格的說，今天的立法院、國民大會、監察院已經
不完全是「民意」機關了，大部分的「中央民代」當了三十
幾年，可以不必改選，受到行政當局特別給予的優惠。與其
說他們是「民意」代表，毋寧說是「黨意」或「官意」代表
較為貼切。

　　老：今日的中央民意機關如果全面改選，不僅違反憲法
的規定，也否定憲法的存在。如果因此而修改國家根本大法
的憲法，則更將破壞全國人民所一致通過與尊重的「法統」
了。為了維護憲法的完整與神聖，為了維繫「法統」於不
墜，我們絕不能全面改選中央民意代表。

　　小：……我們實在不明白，何以依憲政原則就必定要保
留這批已當了三十餘年的「民意」代表，如果說中華「法
統」繫於這些人身上，那麼我們不得不擔心，是不是這批平
均年齡七十多歲的「民意代表」死了之後，中華民國的法統
也就隨之斷絕？我們要講「法統」，可以，但是我們講的是
「民主政治的法統」。一般所稱民主政治的具體要素不外乎
是：定期選舉、政黨政治、三權分立、法治。……無論內閣
制或總統制國家，中央級民意代表或行政元首的定期民選是
溫和產生政權的唯一方法，民主政治是民意政治，政府必須
向人民負責，定期選舉乃是人民定期對政府考核，也是人民
決定政府成立的基本權利。

　　李筱峰在〈結語〉篇中，語重心長的說：

當人類民主政治的發展已歷三、四百年的今天，當順應世界潮流的三民主義提出已達一世紀之久的現在，世界許多不同民族都已紛紛建立了相同品質，且又經得起考驗的民主政治，而我們還在為這些民主政治所應具備的必要條件爭執不已！我們不得不感到憂心忡忡，我們的國家到底還要在這些無謂的爭執上消耗多少元氣？消耗國家元氣，阻撓民主政治共識之建立的，便是那些集體配給的奇談怪論。這些奇談怪論，含蘊著太多的政治神話（迷思）與政治教條。而這些神話與教條，是經不起學理與經驗的檢驗的，因為它的背後，隱藏著太多的愚昧與私心。

　　本書的言論，之所以遭到警備總部迅速的查禁，乃是因為它對國民黨在台灣的「愚民教育」所販售之政治神話和教條，有著極大的「除魅」作用，因而必須儘快撲滅。以事後諸葛的角度觀察：蔣氏父子心中所想及實際要的是「完全掌控台灣」，因此不擇手段的打殺所有可能的反抗者，只為其「專制獨裁」的統治！

作者簡介：

李筱峰，1952 年生，台南麻豆人。曾任《八十年代》雜誌執行主編，報社記者、編輯、主筆，世新大學通識教育中心專任教授，台灣北社副社長，台北教育大學台灣文化研究所專任教授。現為台北教育大學台灣文化研究所榮譽教授、吳三連台灣史料基金會董事。著作有：《台灣戰後初期的民意代表》、《台灣民主運動四十年》、《台灣革命僧林秋梧》、《台灣史 100 件大事（上、下）》、《二二八消失的台灣菁英》、《解讀二二八》、《林茂生‧陳炘和他們的時代》、《60 分鐘快讀台灣史》、《台灣人應該認識的蔣介石》、《與馬英九論台灣史》、《唐山看台灣》、《進出歷史》、《台灣近現代史論集》、《統獨十四辯》、《台灣怎麼論？》、《李筱峰專欄》、《黨國復辟前後》、《我生印記》、《恐龍的傳人》、《島嶼新胎記》、《我的覺醒》、《烏鴉不快樂》、《台灣史一零一問》、《踏過我心坎的人》、《快讀台灣歷史人物（一、二）》、《快讀 228─二二八短論集》等近五十部。

《康寧祥與民主政治》

進峰編　八十年代出版社　1980 年 11 月 1 日初版

台灣警備總司令部 69.11.24. 隆徹字第 5091 號函

主旨：《康寧祥與民主政治》一書，內容淆亂視聽，挑
　　　撥政府與人民情感，依法查禁，請查照轉知，查
　　　照辦理。

說明：一、《康寧祥與民主政治》一書，編者：進峰，
　　　發行人：康寧祥，地址：台北市重慶南路三段
　　　十二號六樓，三十二開本，平裝一冊，二三五頁，
　　　於民國六十九年十一月一日初版。
　　　二、該書中〈對許信良彈劾案之聲明〉一文，曾
　　　刊登於《黨外文選》，此書警備總部業於六十八
　　　年五月三十一日以（68）謙旺字第 2130 號函查禁，
　　　現許某涉嫌叛亂，通令追緝，其文又予轉載，已構
　　　成淆亂視聽，足以影響民心士氣。三、依照〈台
　　　灣地區戒嚴時期出版物管制辦法〉第三條六、七
　　　款及同法第八條之規定予以查禁，函請清查報繳。

在立法院質詢中，寧祥曾向當時的行政院蔣院長強調：「執政黨的態度是敷衍的、避重就輕的、不負責的。」寧祥提醒執政當局，政黨不能優於政府，不能取代政府，更不能使國民黨扮演著全世界真正民主國家的任何政黨所未嘗、也不敢扮演的優越角色。

康寧祥《問政六年》自序〈台灣民主政治努力的方向〉

筆者找出《黨外文選》第 137~138 頁的〈立法委員康寧祥對「許信良彈劾案」聲明〉，就是《康寧祥與民主政治》第 24~25 頁的〈對「許信良彈劾案」之聲明〉，除編者按語稍微增加文字說明緣由，聲明內文相同，先將全文抄錄如下，請讀者們來評判：

自中美斷交以後，本人認為為了台灣社會的安定與國家的前途，無論朝野，都應相忍為國。

余登發案件的發生對社會民心產生極大的衝擊，而國民黨政府對余案的處理方式，已使絕大多數國人感到惋惜。本人深感國民黨政府此時尤應謹慎行事，不宜再擴大此一衝擊的範圍。

進峰編，《康寧祥與民主政治》，1980年 11 月 1 日初版。

我們知道，許信良先生是兩年前在桃園縣以絕大多數選票當選的縣長。在實行民主憲政的過程中，這種直接獲得人民支持的公職人員，在三十年來無法順利全面改選中央級民意代表的情況下，其意義與價值更顯得珍貴。為了培養民主的基礎，尊重廣大的民意，本人認為許信良先生因余案被彈劾，必將損害到我們才剛辛苦建立的微小民主政治成就。

聽到監察院提出對許信良的彈劾案，本人深感驚駭。此事發展下去，只有使余案已激起的衝擊更加擴大。這對於全民的團結與國家的利益有莫大的損害，相信每一個關心國家前途的國民都不願見到這樣的結果。本人鄭重呼籲國民黨政府考慮本案對民心的深遠影響，妥慎處理本案。

康寧祥只是平心靜氣地道出自己對朝野緊繃的局勢，呼籲彼此「相忍為國」；但是國民黨政府將此文章視為「洪水猛獸」，再次將之查禁。試問，有必要如此嗎？

康寧祥在其回憶錄《台灣，打拼》一書中，告訴我們編者進峰，其實是兩個人，他的助理林進輝和雜誌主編李筱峰。兩位編者在〈編序〉裡說：

自民國五十八年進入台北市議會開始，康寧祥一直是個備受注目的在野政治人物。十二年來，由市議員到立法委員，乃至幾本政論雜誌的負責人，康寧祥始終站在維護民主憲政的立場，嚴正批評執政當局的措施和熱心推動黨外政治運動。

在從事這些努力的過程中，對康寧祥個人，免不了有來自多方面的謾罵、打擊、牽制、誤會……，就一個獻身民主運動的人而言，這些都是可以預料到而又必須忍受的遭遇，但是，在對一位從政者下公正的評判時我們應該根據他政治活動的完整記錄，而不是某個時候的片面資料。從康寧祥過去的表現觀察，我們可以看出他一貫的立場和方向，並沒有受到環境與外力的影響。

為使大眾能了解康寧祥為民主政治所作的奉獻，編者蒐集了近年來康先生的質詢、聲明、論述，以及別人對他所作的訪問和書評。其中大多數都是從中美斷交到高雄事件為止，前後兩年所發生的事情，只有少數幾篇選自市議員時代的質詢和訪問。編者的目的在為康寧祥的政治活動留下一個忠實的記錄，也深信唯有透過這個紀錄，我們才能真正了解康寧祥做為一個政治人物的所作所為和所言所行。

本書分為一、「質詢與聲明」，有〈為中美斷交告同胞書〉、〈給外交決策當局的建議〉、〈為「余氏父子案」質詢文〉與〈對「許信良彈劾案」的聲明〉等十一篇；二、「小傳與訪問」，有〈康寧祥印象記〉、〈康寧祥閒談各種問題〉、〈康寧祥談選舉〉等九篇；三、「論述與發言」，有〈我的信念與誓願〉、〈台灣民主政治努力的方向〉、〈如何促進台灣的進步與和諧〉等七篇；四、「書評」，有林木松〈評《問政三年》〉、李慶榮〈康寧祥的成績單─評《問政六年》〉、林正杰〈黨外也該學習治理國家─讀《問政六年》

感想〉等三篇。

　　筆者仔細比對一、「質詢與聲明」之中，前四篇都有被選入已被查禁的《黨外文選》一書，〈為中美斷交告同胞書〉呼籲國人冷靜自制，政府應堅守實行民主政治的誠意及確保台灣安全的決心，並向美國要求：一、供應必要的武器，以確保台灣安全。二、繼續支持台灣為一政治主體。三、繼續提供資金、技術、貿易機會，以保障台灣之生存能力。對美國的這三項要求，都在〈台灣關係法〉實現。這分〈為中美斷交告同胞書〉表達對國是的意見及對台灣前途的展望，文字簡練，識見深遠，是一分很有價值的文獻。〈給外交決策當局的建議〉是康寧祥、黃信介在 1979 年 4 月 28 日向行政院提出書面質詢，建議外交決策當局徹底檢討我國的外交政策和外交作法。而〈為「余氏父子案」質詢〉是 1979 年 2 月 27 日立法院第六十三會期第三次會議時，康寧祥、黃信介、黃順興三位立委聯合提出質詢，首先敘述世界人權潮流及我國之人權現況，並對余案舉幾點難以令人信服的破綻和疑點，要求政府對這種違法亂紀，嚴重損害人民權益的案件，應迅速查明，追究責任，以正國家綱紀。〈對「許信良彈劾案」的聲明〉為警總查禁本書之藉口。

　　二、「小傳與訪問」篇則有《長橋雜誌》第七期（1978年 11 月號）一次刊載〈康寧祥印象記〉、〈康太太心中的康寧祥〉及〈康寧祥閒談各種問題〉等三篇文章，鮮少有機會在國內傳媒上露臉的康寧祥，此文引發大眾的好奇心，使得本期雜誌銷量因而大增；《長橋雜誌》第八期（1978 年 12 月

號）再打鐵趁熱的推出〈康寧祥談選舉〉，這是篇討論競選策略的對話，連帶觸及台灣社會的各種問題，參與對話者有：康寧祥、彭懷恩、朱雲漢、黃榮村及鄧維楨等人。接著《長橋雜誌》第 11 期（1979 年 4 月號）刊登〈從安全帽談到「國是會議」〉的訪談稿，從安全帽說到選舉、高雄市升格的政治背景，以及「國是會議」的召開等等。王拓的訪談稿〈把大眾的利益放在第一位─康寧祥訪問記〉，先是登載《夏潮雜誌》四卷三期（1978 年 3 月號），後於當年 9 月 15 日結集成《黨外的聲音》，作為他參選國大代表的選戰書籍；孰料，十日後的 9 月 25 日即遭警備總部查禁。1972 年 6 月，蔣經國組閣之後，國外傳媒紛紛派出記者來台採訪，行政院新聞局也主動發出邀請；其中，美國 WTTV 電視台新聞部主任 Mr. Ugersam 一下飛機，即指定要採訪台北市議員康寧祥，這個令人驚訝的請求。他說：「在美國，討論台灣狀況的人，經常提到康寧祥，因此，我特地要訪問他。」在後來的訪談中，康寧祥對蔣經國個人成就與新內閣的動向，都展現相當準確的評估及預測。當時的康寧祥並未料到自己日後會進入立法院，以立法委員的身分和這位台灣最高行政首長兼權力核心掌握者，展開長達六年的政治對話，為台灣的前途共同努力。至於〈美國國會三人小組訪問團訪問康寧祥〉，是 1980 年 4 月間，美國參議院為檢討台灣關係法執行一年的成效，舉行聽證會，同時派遣一個三人小組實地訪問台灣，以了解中美斷交一年後的一般狀況；他們的訪談對象，有政府首長、軍事將領、工商人士及在野人士。在

康寧祥,《問政六年》,1978 年 11 月　　康寧祥,《危機與希望》,1983 年 11
10 日初版。　　　　　　　　　　　　月 1 日初版。

野人士之中,他們找上康寧祥,訪談大要後來發表在美國國
會台灣關係法聽證會的參考文件上。

　　三、「論述與發言」篇中,〈台灣民主政治努力的方
向〉是 1978 年 11 月出版的《問政六年・自序》;而〈我的
信念與誓願〉是《問政三年・自序》。〈如何促進台灣的進
步與和諧〉是在 1974 年尼克森訪問中國、日本與中國建交
之後,台美關係處於危疑震盪的局面,對內,台灣由於工商
業的發展和人口的增加,經濟及社會結構都面臨轉型。這
時,康寧祥二度訪美,與美方朝野人士廣泛接觸,以了解美
方對台灣問題的態度。 1975 年 8 月,《台灣政論》問世,
康寧祥在創刊號發表〈如何促進台灣的進步與和諧〉專文,

報告其訪美心得。刊登於《八十年代》雜誌第七期（1979 年
12 月號）的〈訪韓隨筆〉是康寧祥於 1979 年 11 月下旬，赴
南韓考察，正值韓國強人朴正熙大統領遇刺後不久，康在旅
次中倉促寫就，反映在國喪期間的韓國社會，也對朴正熙的
爲人有著客觀的評論。

　　四、「書評」包括：〈評《問政三年》〉（刊登於《大
高雄雜誌》革新第四期，1978 年 11 月號）是一位國內知名政治
記者林木松（筆名），以其對政治圈生態的經歷與了解，評
價康寧祥的第一本質詢紀錄的書—《問政三年》，他提出逼
眞而獨到的看法。〈康寧祥的成績單—評《問政六年》〉刊
載於《出版與研究》半月刊第 38 期（1978 年 12 月），作者李
慶榮是位頗具社會主義色彩的知識份子，以其獨到的眼光，
評價康寧祥給選民的成績單，其中有頗多讚譽之言，但也有
非議之論。林正杰的〈黨外也該學習治理國家—讀《問政六
年》感想〉，原刊於《長橋雜誌》第八期，是林正杰編輯本
書後的有感而發，康寧祥的努力向學是有目共睹的，擔任立
委之後，他在立法院圖書館委員研究室鑽研沉思，實爲黨外
人士自我充實的標的。

作者簡介：
李筱峰部分，請參見本書 Chap 10.《一個小市民與老
長官的政治對話》。
林進輝，1949 年生，宜蘭人，成功大學外文系畢業，
曾任康寧祥立委助理、《八十年代》雜誌社編輯暨
八十年代出版社編輯。後來轉至聯合報系任職。

《礦溪一老人》

王燈岸著　自印　1980 年 11 月初版

台灣警備總司令部 69.11.27. 隆徹字第 5143 號函

主旨：王燈岸著作及發行之《礦溪一老人》一書，內容
　　　淆亂視聽，挑撥政府與人民情感，特予取締，並
　　　扣押其出版品，請查照轉知、查照辦理。

說明：由台北縣中和市海王印刷廠印製，王燈岸著作及
　　　發行之《礦溪一老人》一書，內容淆亂視聽，挑
　　　撥政府與人民情感，核已違反〈台灣地區戒嚴時
　　　期出版物管制辦法〉第三條第六、七款，依同法
　　　第八條之規定應扣押其出版物，函請清查報繳。

筆者身為民主政治的追求者，自由主義的謳歌者，絕對不會因這次的失敗而懊喪，作為一個民主戰場上敗仗的逃亡者，一定為本省的民主政治的進步與發展，在法律所允許的範圍內繼續奮鬥到底。

　　王燈岸 本書〈石先生擔任筆者彰化市長競選總幹事〉

　　吳乃德教授於 2013 年 10 月的新書《百年追求－台灣民主運動的故事‧第二卷‧自由的挫敗》，在第六章〈啟動組黨：本土菁英重登歷史舞台〉文內，談及本土精英的組黨構想是：1956 年在彰化由王燈岸向石錫勳建議聯合民青兩黨、社會人士及無黨籍候選人組成聯誼會，模仿日治時期的「文化協會」，到全國各地舉辦演講會。石錫勳遂委請老友郭發奔波全台，串連各地愛好自由民主的人士。吳教授也言

王燈岸，《磺溪一老人》，1980 年 11 月初版。

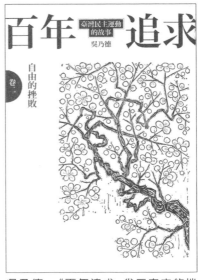

吳乃德，《百年追求：卷二自由的挫敗》，衛城出版社，2013 年 10 月初版。

及「石錫勳的歷史地位，至今仍然被嚴重低估」。（參閱原書第138~140頁）

因而引發我回憶起王燈岸前輩的《磺溪一老人》一書，它正是石錫勳先生的傳記。本書是作者自兼發行人，初版發行於1980年11月，但旋即遭到警備總部查禁處分。奇妙的是1980年11月27日查禁的《磺溪一老人》，我是1981年10月6日在台中市北區梅亭街的梅華書齋購買的，版權頁印上定價130元，卻在用藍色號碼章蓋上200元，這應該是遭查扣之後，書店為彌平銷售成本而調升價格。

本書含書名頁、目錄及地圖共二二〇頁。序由當時欲參選彰化縣長的黨外人士黃石城撰寫，對石錫勳及作者多所推崇，都以石錫勳和王燈岸兩人為黨外人士之楷模。

〈寫在書的前面〉論及石錫勳因為1968年彰化事件（劉佳欽、顏尹謨案），而被迫避居高雄，1979年欣逢他八十壽誕，家鄉老友們邀他返鄉聚會，卻因「石錫勳做八十大壽的政治生日」流言，引發國民黨的敏感神經，暗中及公然以種種方法干擾石錫勳與其家眷；石先生為了子女設想，只好婉謝老友之好意，惘然離開彰化南下。他留下一詩作，表明心志：

> 久作閒人已慣態，年光八石水東流，
> 利名爭奪渾如夢，罪孽妄張失自由；
> 白髮消疏憐老大，紅衣常披慨為囚，
> 如今朋輩凋殘盡，後逝難堪寂似秋。

此詩，乃當年石先生迎來八十歲，在病與愁，寂與怨，憂恨交迫困頓中的詩作，如同他八十年的人生寫照。作者在篇末說：這本小書，不僅為著向石先生祝賀「八十壽辰」而寫的，同時也為了把石先生的其人、其事介紹給年輕一代的人們而寫的，並且藉此表達筆者向他由衷的欽敬、安慰、鼓勵與祝福。

〈緒言：何謂磺溪〉之前，附有「磺溪區域圖」，內文敘述磺溪於雍正元（1723）年由諸羅縣分離，另置彰化縣，縣域東至南北投大山（今台中及南投境內），西至大海，南至虎尾溪與諸羅縣交界，北至大甲溪與淡水廳交界，南北長九十里，東西寬四十里，此地域內稱磺溪，縣治在半線（今彰化市）。光緒十三（1887）年，台灣建省，再改為北以大肚溪與台中縣為界，南以濁水溪與雲林縣為界，此乃今日之彰化縣域。

〈磺溪地方重要記事年代表〉一文，可以讀到其反抗不義之精神，包括：

1723（雍正元年）從諸羅縣分離，置彰化縣縣城，南至濁水溪起，北至大甲溪，稱磺溪地方。

1784（乾隆 49 年）鹿港開港。

1786（乾隆 51 年）彰化大里杙人林爽文起義。

1795（乾隆 60 年）陳全周於彰化起義。

1815（嘉慶 8 年）漢人初入埔里墾荒。

1862（同治元年）彰化四張犁人戴萬生起義。

1887（光緒 13 年）台灣省府置於彰化橋仔頭，把原有的

彰化縣劃爲台灣縣、彰化縣、埔里社廳。

1888（光緒14年）鹿港人施九緞起義。

1904（民前七年）彰化銀行創立，總社置於彰化。

1921（民國10年）台灣議會設置期成同盟會成立，台灣文化協會創立，該會幹部47人，礦溪出身人士24人佔全體半數以上。

1925（民國14年）二林蔗農組合成立。

1926（民國15年）大肚農民組合成立。

1927（民國16年）台灣文化協會分裂，分裂後的文協活動，一概由彰化人士控制。

1931（民國20年）二林謝春木出版《台灣人之要求》一書。

1947（民國36年）由緝私菸民警於大稻埕衝突，引爆二二八事件波及全台。

1959（民國48年）八七大水災。

1960（民國49年）八一大水災。

1967（民國56年）彰化事件，本地石錫勳等十數人涉及。正因爲「礦溪精神」代表民族大義與道德勇氣的反抗精神；石錫勳繼承前人這種精神並加以發揮，所以被稱爲「礦溪老人」。

本書分十四章，一至七章敘述石錫勳出生、成長、醫學生到參加「文化協會」，反抗日本的殖民統治的經過。八到十四章則是戰後國民黨來台之後，他以「無黨無派」人士，爲台灣的民主自由，與國民黨周旋、奮鬥、遭囚的經過，看

似一無所成，卻爲今日台灣的民主自由，奠定了良好的基礎。

石錫勳於 1900 年 8 月，出生在彰化街北門外（今彰化市中正路），父親石汝鏘是中醫師，漢學造詣頗深，他在父親全力栽培之下，學業優異，十八歲即考入台北醫學校。

在學期間，爲抗議日台學生分爲專門部與本科的歧視，在教室黑板以詩作抗議：

> 吾輩激奮兮，安五分。卅年遺恨兮，今相存。
> 有血有淚兮，漢男子。中宵拔劍兮，台灣魂。

加上因爲率眾杯葛爲「純日籍學生棒球隊加油」事件，石錫勳、甘文芳、丁瑞漁和張梗四人將遭到學校開除，幸賴台籍同學團結欲集體罷課抗議；再加上杜聰明教授出面向學校緩頰，四人才得以免遭開除。石錫勳深感「身爲台灣人的悲哀」，遂毅然投身民族運動行列。

1921 年，蔣渭水爲呼應台灣留日學生在東京成立「新民會」之行動，率先創立「台灣文化協會」，他即以學生身分參與籌備工作。翌年畢業之後，他到高雄行醫，擔任「台灣議會設置請願期成同盟」高雄州總幹事，負責一切相關工作。

台灣總督府懼於請願運動聲勢日益擴大，遂於 1923 年 12 月 16 日以違反「台灣治安警察法」爲名，展開全台大搜捕，拘押蔣渭水等四十九人，封鎖新聞及台灣對外通訊，使

全台陷入恐怖狀態，史稱「治警事件」。後來經過三審九次開庭，石錫勳被判「罰金百圓」，卻已嘗盡台北看守所二個月牢獄之苦。釋放之後，因父命難違而返回彰化定居，再赴日本東京醫專進修。

日本返台之後，石錫勳仍熱衷於文化協會，創辦《大眾時報》為文化協會的機關刊物。台灣總督府對文化協會，一方面採取強硬彈壓政策動輒逮人；一方面以懷柔手段加以分化離間。台灣總督府曾對他開出條件：只要石不再參加文化協會活動，酬勞是一筆鉅款及芳苑地區一七五甲土地，石錫勳卻斷然拒絕。

1936 年，日本軍國主義抬頭，文人總督中川健藏被迫下台，由退役海軍大將小林躋造接任；小林總督厲行奴化政策，企圖消除台人之傳統與習俗，完成「皇民化」；石錫勳結合文化協會同志與總督府周旋，此種非武裝抗日行動，一直延續到日本無條件投降為止。

終戰之後，台灣各地自動組織接管委員會，石錫勳被推為彰化市接管委員會主席，參加台北中山堂的受降典禮，後來又被地方委員會選為省轄市的彰化市長，他上任後，即積極籌組中國國民黨彰化市黨部和三民主義青年團彰化分團，來推動市政建設。1946 年 3 月當選彰化市參議員。1947 年黨團合併之後，他因不滿地方黨部幹部的作風，遂不辦理黨員歸隊登記手續，離開國民黨成為無所屬的自由人士。1949 年，石錫勳遭到地方政治恩怨的對手，趁他清理失蹤胞弟財務賠償之際，密告他私開地下錢莊，擾亂金融、惡性倒閉，

遭到警備總部懷疑他與在日本從事台獨運動的廖文毅爲同夥，被警總逮捕入獄九十七天，後來查無實據而獲判無罪。

1954 年，石錫勳在「彰化縣政由彰化人自治」的口號下，毅然投入第二屆縣長選舉，所舉辦的政見發表會是萬人空巷和人山人海的場面，使得國民黨驚懼，遂動員一切力量，運用一切非法手段來使黨提名候選人陳錫卿獲勝，在如此不公平不公正不正義的條件之下，石錫勳終告落敗。但是，彰化縣各鄉鎮自動組織聯合後援團，支持石錫勳向法院提出「當選無效之訴」，雖然人證物證均備，但法院竟然以「程序不合，原告之訴駁回」，石錫勳雖輸掉選舉，卻贏得民心，開創戰後初期知識份子參與政治的風氣。

1957 年 4 月 11 日，石錫勳聯合台中縣楊基振、台中市何春木召開第三屆臨時省議員及各縣市長候選人關於選務改進座談會，此爲本省民主人士首度集會。更接連參加第三、第四屆彰化縣長及第三屆省議員選舉，卻都因爲國民黨的「非法」而功敗垂成。此時，石錫勳深知民主運動並非單純依靠選舉即可促成，必須發起全面性民眾自覺才能成功。因此，他又全力在「地方自治研究會」、「選舉問題座談會」、「在野黨及無黨無派本屆地方選舉檢討會」及「中國民主黨」的籌組上努力打拚。

1968 年 2 月，當石錫勳積極準備參加第六屆彰化縣長選舉時，遭到調查局人員以「母親重病」理由，騙石錫勳外出看診，他因此不見人影。原來，情治單位以其「涉嫌 1967 年 8 月劉佳欽、顏尹謨案（即彰化事件）」爲由，拘禁

石錫勳。拖至年底，石錫勳在抗日老友蔡培火的奔走營救下，才得以健康因素保外就醫。他從此在彰化銷聲匿跡，隱居他鄉，直到 1985 年 9 月 22 日病逝於高雄。

《亞洲人週刊》第 20 期（1985 年 6 月 14 日出刊）第 29 頁「報紙看不到」專欄登出本書作者王燈岸先生，不幸於 6 月 2 日逝世，享年六十七歲。《八十年代週刊》第八期（1985 年 10 月 3 日出刊）第 60 頁「黨外佈告欄」登載：礦溪老人石錫勳於 9 月 24 日病逝於二子石秋光高雄市寓宅，享年八十五歲。同期第 58~59 頁「歷史人物」欄推出〈礦溪老人石錫勳〉的追思文章，讓年輕的新生代有機會知道：台灣的民主與自由，是一代代先賢累積打拚而來的！

《亞洲人》週刊第 20 期 29 頁王燈岸去世報導。

2017 年 5 月 12 日，我專程南下彰化，參加賴和文教基金會與縣政府辦理的文化活動，提供包括《礦溪一老人》等多本遭到國民黨政府查禁的書籍共襄盛舉，在和文化局陳文彬局長交談時，提議由文化局用公帑來再版《礦溪一老人》這本書，更由賴和基金會白小姐口中得知王前輩女兒王老師已經重新整理，準備再版。直到 2018 年 12 月 9 日，在國

《八十年代》週刊第 8 期 60 頁磺　　　同上，58~59 頁〈磺溪老人－石錫
溪老人石錫勳過世。　　　　　　　　勳〉。

　家人權館景美園區的「世界人權日紀念園遊會」上，王鏡玲
老師不只將《磺溪一老人》加上注釋而完美的再版，同時更
將王燈岸前輩所寫的自傳以《磺溪少年兄》書名出版，更
以編者與家屬身份撰寫〈花開民主自由園－父親王燈岸的
身影〉，用了近 180 頁篇幅，為我們敘述她心目中的父親形
象，以及王前輩為了台灣社會公益，無私的奉獻，其家人在
背後所受到的擔驚恐懼，是其他身在其外的台灣同胞很難體
會到的。

　　或許，有難以數算像我一樣的砲灰家屬，數十年、百年
後藉由重新撿拾，撫觸、傾聽這些被打壓、遺忘、棄置的文
件與文物，以及從先人故舊殘缺破碎的訪談中，重新讓枯骨

長出迎向未來的血肉，照見生命曾經發光發熱、曾經死蔭幽谷，困頓絕望，而終於開出缺憾還諸天地的豁然。

　　以上是王鏡玲老師的按語，顯示了受難家屬的氣魄與心胸，值此王前輩百年誕辰的紀念，轉型正義的推動，大家一起來努力實踐吧！

作者簡介：

王燈岸，1919 年生，彰化人。日本上野中學畢業，日本中央大學法律系畢業。1942 年進入日本中央大學高等法律研究室，日本吏員考試及格，任職東京市政府研究部，後再入東京吏員養成所高級幹部班。同年秋天，入社會政策研究學院研究。1944 年辭卸官職返台，所搭客輪慘遭魚雷擊沉，倖免於難。擔任台灣鐵工所教育主任。終戰後，曾任教彰化商職，到集集創辦初中失敗，再至汐止初中任教員兼主任。1950 年底，任台中商職教員兼主任，1952 年參選縣議員落選。1954、1957、1960 三度擔任石錫勳競選縣長總幹事。1964 年，王燈岸參選彰化市長落敗，後退居幕後，全力輔佐石錫勳從事政治工作，在彰化地區黨外圈，人稱「王老師」。1970 年代中期，先後擔任黃順興、張春男、姚嘉文、黃石城、許榮淑等黨外人士的競選總幹事，對黨外民主運動貢獻極大，曾任《美麗島雜誌》社務委員，1985 年 6 月 2 日逝世，享年六十七歲。

《民主的國土 ── 筍孫選集》

筍孫著　自印　1980 年 11 月初版

台灣警備總司令部 69.12.02. 隆徹字第 5170 號函

主旨：筍孫著作，何光明發行之《民主的國土》一書，
　　　內容淆亂視聽，挑撥政府與人民情感，依法取締，
　　　並扣押其出版物，請查照轉知、查照辦理。

說明：由台北縣板橋市長江路二段四維印刷廠印製，筍
　　　孫著作，何光明發行之《民主的國土》一書，內
　　　容淆亂視聽，挑撥政府與人民情感，核已違反〈台
　　　灣地區戒嚴時期出版物管制辦法〉第三條第六、
　　　七款，依同法第八條之規定，應扣押其出版物，
　　　函請清查報繳。

《民主的國土》這些經過發表的文字，提供篇幅的報紙雜誌，有黨外的、偏黨外的、中堅的、黨內的、偏黨內的。它們雖然都具有排斥性，但是並不完全排斥；他們雖然並不完全接納，但是畢竟有限地接納，只是方式不盡相同，而程度不盡相等。此時此地，作為一個迄今仍是純粹獨立者的我，必須客觀與平實地說，這種現象的存在雖然不正常，但是也不完全反常。民主的胸懷，業已孕育在人心。

筍孫《民主的國土・序文》

　　筍孫是位獨立的政治評論家，他排除了國民黨的「家天下」及黨外的「悲情」觀點，而訴諸於「人民的時代」，一切以人民的幸福與否為標準。本書即以此為出發點，六十三篇文章用以對國民黨、黨外提出他的批評與鼓勵；對人民則提供大家如何「事事關心」的共同創造美好的未來！可惜的是警備總部似乎聽不到民間的呼籲，將之查禁。

筍孫，《民主的國土》，1980 年 11 月初版。

　　《民主的國土》一書，二十四開，三一六頁，計六十三篇文章，分有政治、民主、法治、行政、政治團體與族群、

國民黨、黨外人士、台獨、選舉、選舉規劃、國會、國建
會、傳播媒體與言論自由等十三類。

筆者試著在書中找出可能觸怒當道之文，和你分享：

在〈台灣必須保持安定祥和—我對人道主義的堅持〉
中，作者說：

我曾經有幸參與選務，在投票所裡工作。但也是不幸，
我因此發現了令我難過的事情：有人公然違法舞弊，而所有
目睹者當時當場沒有一個人敢講一句話，包括我在內。事後
我的良心一直難安，並開始思考種種的問題。

這是我關心政治的開始，也是我同情國民黨的競爭者—
黨外人士的開始。我同情黨外人士，絕不是基於感情因素：
黨外人士大部分是台灣人，而我是一個台灣人。我同情黨外
人士，是因為我發現了不公與不平，後來又發現了更多的不
公與不平，它足以扭曲一個社會正常的價值觀念，我認為這
是違反人道的，而對忍受不公與不平的黨外人士而言，則是
一種最大的殘忍。也可以這樣說，我同情黨外人士，並非為
了他們的好壞、賢愚或強弱；而是為了我自己的信仰，我的
人道主義。

這些話使我回想起：在 1980 年代，我剛到台中書報社
服務時，台中市文化工作執行小組來社，要索取查禁書刊，
我要求按規矩出示「查禁公文」，不料卻被小組成員嗆說：
「我說它查禁，它就查禁。」此舉，令我更同情黨外。

作者在〈國民的責任與良心〉中，如是說：

專制獨裁的長期統治，雖然形成了安定，相對的國民的容忍而冷漠，沒有制衡的力量導致腐敗衰危，惡性循環，國民責任感平時被否定，愛國心不夠堅強，軍事一失利就不戰而走，實在不足為奇，所謂事有必至，理有故然，大變的衝擊衝醒了那些觀念錯誤的領導階層，悔悟過去獨裁的安定是脆弱的，不堪一擊，惟有民主的安定有國民全體的良心支持和責任參與，才能贏得國民真正的信仰和生命的奉獻，由此形成的心理國防才是可靠的。

讓我們人人成為良心國民，責任國民，勇敢地來愛我們的國家，不要恨，也不要怕，當我們支持民主鬥士，像他們一樣說出該說的話，並且也以行動來參與時，他們就不會被視為少數，而會被肯定為民意要求建立制衡力量的代言人！

解嚴至今已經三十多年，國民黨由一黨獨大到今日的「無主席」慘況，可說是咎由自取。當初欺騙台灣人「反共，反共」，今天郝柏村父子等一堆國民黨高幹卻急著「投共」，請問你們置蔣家父子顏面於何處？台灣人請自立自強，愛護自己的台灣吧！

〈國民與政黨〉一文中，作者說：

所以執政黨不即等於政府，反對執政黨並非即為反對政府；執政黨可以更換，政府本身卻是繼續存在的。

換言之，反對某一個黨或某一個黨執政的政府（或稱政權），並非即爲反對永恆意義的政府。這一點也要分別清楚。團結，不是民意反映或追隨黨意，是黨意反映或追隨民意。……黨的利益和國家人群的利益萬一有了衝突，黨意和民意萬一有了距離，做爲一個黨員必須有遠謀顧全的抉擇，不可置黨於不義，寧可放棄眼前的功利而爲黨買義，才能使黨根普及並深植民衆，這樣才是眞愛他的黨。

　　如果你眞的愛護國民黨，就要認清「政府是政府」及「國民黨是國民黨」，不能再「黨國不分」了！
　　〈台灣是歷史的焦點也是起點：一個國民的忠告〉說：

　　「黨外人士」宜早未雨綢繆，對我們共同的前途，提出理想的政策，必是未來爭取群衆最有力的號召，也是最大的政治資本，如果沒有此一警覺，充其量不過是一短視政客而已。
　　我們希望國民黨絕對權力的運用要知道有所節制，因爲面對「黨外人士」的挑戰，經由政治競爭導致權力的分配，權力分配的結果必使權力逐漸出讓，致使本身所擁有的權力之絕對性降低，這是一定的道理。
　　最可怕的是，絕對權力的應用若不符民意授權的理論，或超越民意的基礎，則有損法制的結構，並減少支持的群衆。所以絕對權力的運用，其首要考慮，既非「黨外人士」的挑戰，亦非本身的緊張。

國民黨應早日製造優勢，在與「黨外人士」公平競爭的基礎上，贏得較高的相對權力。「昂貴的代價」有時是無形的，因其無形，所以可能不知不覺地繼續付出，到了發覺的時候，已經後悔莫及，這是最可怕的。

　　請現在執政的民進黨，要把這段話聽進去，更請時時牢記在心，千萬不要辜負台灣人民的期待。

　　〈我對國民黨的一些看法〉表示：

　　國民黨在台灣已大力發展為一個無所不在的政治指導力，號稱百萬大黨。其日趨膨脹的原因是，它長期掌握政權，對懷有政治抱負者形成很大的吸引力。……由於黨內民主化的不足，組織龐大的結果是，溝通的過程加長，溝通的障礙增多。中央與地方難免形成不同程度的隔閡，指揮系統似乎有欠靈活，於是權力發生斷層現象。……成員越來越眾多的結果是，龍蛇混雜，賢愚善惡難分。……於是產生弊端，一則權力分配大致等於現有勢力的分配，走上妥協與接受之路，人才與人品不是最重要的標準；一則不肖黨工得以橫行，黨德墮落與黨紀敗壞，就不是偶然的了。

　　在民青二黨日趨式微的今天，「黨外人士」的出現令人一則以喜，一則以憂。喜的是，「黨外人士」以在野政治勢力自居，能在實際上發揮部分相當於在野黨對執政黨的制衡力量，使國民黨政府感受到立即而直接的政治壓力，而能推動某些革新的工作，激發了不少政治的活力。憂的是，「黨

外人士」以批評國民黨起家—復以散兵游勇的姿態出現，難免會有一些激越的言論，出軌的行為。

「黨外人士」未來的命運將不改其昔日的艱辛，而其偏向激進的姿態也將繼續扮演下去；其所倡言的和平改革，在與國民黨相激相盪的環境裡，相信不可能完全的和平。目前唯一能做的，就是希望雙方都能自制，自制，再自制。

國民黨據台，一黨獨大的結果是敗亡至此，這是必然的，唯有真正走向更多民主與自由，才是對付殘暴的中國共產黨最好的武器。

〈黨外與國運〉一文說：

今後在內部，唯有黨外人士可對國民黨施以相當的壓力，即使對黨外人士抱有成見的人，也應該對他們有所寄托才是；站在國家的立場，我們希望他們能夠做一個正義而有力的反對者。避免國民黨的日久腐化及政府的日趨無能，黨外人士所扮演的角色無疑更值得我們敬重，而對他們所能發揮的功能也應予以更高的期待。

做為執政者的國民黨，懷於自己的歷史使命，對國家未來的發展應有深一層的體認與警覺，而對黨外人士也應有進一步的容忍與接納，視之為諍友，以尊重代替醜化，以競爭代替打擊，如此雙方才能化戾氣為祥和，也才能化阻力為助力，共同建立健全的政治體系，使執政者和反對者的相激相盪成為進步的動力，而互規互勸正足以成為成熟的養料。即

筍孫，《思想殺人》，1983年9月初版。　筍孫，《國民的歸國民／國民黨的歸國民黨》，1983年10月初版。

使沒有任何「外患」之來，我們亦能不斷改造和革新，這才是國家之幸，人民之福。

　　黨外人士體認到自己與國家國運的關係，展望任重道遠的未來，為了改變國民黨傳統的手段，為了改變國民黨對立的態度，使團結的景象復甦並維繫，除自己避免破壞團結之外，恐怕要更進一步學習如何對國民黨講求容忍、接納、瞭解、犧牲，面對一個長久掌權而巨大無比的執政者，我們如此懇切地寄望你們，唯有以容忍換取容忍，接納換取接納，瞭解換取瞭解，犧牲換取犧牲，才能提升你們努力的境界，提升對手的敬畏。

「黨外」現在由民進黨所取代，期待民進黨執政者能傾聽人民的心聲及期盼，如果未能符合民意，其他黨派將會取而代之。

　　話說回頭，警備總部在增額中央民代選舉（12 月 6 日投票）前四天，急忙將《民主的國土》查禁，只是再度展現國民黨的「雞仔腸，鳥仔肚」，其心胸之狹窄，由此可見。這更是顯示了作者的眼光之高遠及心胸是何等寬闊。

作者簡介：

筍孫，本名何光明，台灣基隆人，1950 年生。著作有：《民主的國土》、《誰是改革的主流》、《思想殺人》、《國民的歸國民 / 國民黨的歸國民黨》等書。

《射鵰英雄傳》

金庸著　1950 年代港版　1980 年 5 月遠景台版

台灣警備總司令部 70.05.15 隆徹字第 1872 號函

華源出版社（未經出版登記，未註地址）印行之《射鵰英雄傳》一書（二十四開本，區分為四冊，計一千六百三十二頁，民國五十四年八月出版，由台北市安東街七三巷四四弄四號「南京書社」總經銷），係翻印已查禁之書，依法應予檢扣，函請清查報繳。

《射鵰英雄傳》是金庸作品中廣被普遍接受的一部，最多人提及的一部。

自《射鵰》之後，再也無人懷疑金庸的小說巨匠的地位。這是一部結構完整得天衣無縫的小說，是金庸成熟的象徵。《射鵰》是金庸作品中最重要的一部小說，是絕對毋庸置疑的。

倪匡《我看金庸小說》

金庸，《射鵰英雄傳》，遠流版，1987年2月初版。

2018年10月30日星期二，金庸去世的消息傳出，社會評價相當兩極化。有人以惋惜心態送走「一代武俠小說宗師」；也有人以金庸的父親遭共產黨殺害，而他仍有「親共行為」而不滿。仔細想想，這就是人生。所謂「人非聖賢，孰能無過？」

金庸的武俠小說，到底有哪幾種被查禁？

筆者嘗試在凌亂的各種資料中，整理出一個頭緒，花費了些許時間，終於完成初步結果如下，提供給你參考。

金庸作品在台灣最早遭到查禁的是《書劍恩仇錄》，由時時出版社於1957年9月15日出版，但是台灣省保安司令部隨後在1957年12月2日發出台灣省保安司令部安練字第1479號函，以〈台灣省戒嚴時期新聞紙、雜誌、圖書管

香港《明報月刊》金庸紀念專號，2018 年 12 月號。

香港《明報月刊》紀念金庸特輯（二），2019 年 1 月號。

制辦法（修正本）〉第二條（新聞紙、雜誌、圖書告示、標語及其他出版品，不能爲下列各款之記載）第三款（爲共匪宣傳之圖畫文字）予以查禁。

《碧血劍》（時時出版，1957 年 10 月 15 日出版）及《射鵰英雄傳》（時時出版，1957 年）兩書，同遭台灣省保安司令部於 1958 年 1 月 8 日以明旭字第 0021 號函查禁，理由是違反〈台灣省戒嚴時期新聞紙、雜誌、圖書管制辦法（修正本）〉第二條第三款之規定。

1958 年 5 月 15 日，台灣省保安司令部、台灣省民防司令部、台灣防衛總部、台灣戍衛司令部等四單位合併爲台灣警備總司令部。《碧血劍》由合作出版社改名爲《碧血劍別傳》出版，而《射鵰英雄傳》由光明出版社改以《射鵰英雄

新傳》出版，這兩書同時被台灣警備總司令部於 1959 年 11 月 23 日發布憲恩字第 0864 號函，以其違反〈台灣省新聞紙、雜誌、圖書管制辦法（修正本）〉第二條第三款查禁。

警備總部於 1959 年 12 月 31 日以（48）憲恩字第 1018 號代電頒發「暴雨專案」，專門查禁及查扣武俠小說四百零六種，金庸的《雪山飛狐》、《飛狐外傳》、《射鵰英雄傳》、《書劍恩仇錄》、《神鵰俠侶》、《碧血劍》等六種均入查禁之列。

《射鵰英雄傳》由慧明出版社於 1972 年 10 月將之改名為《萍蹤俠影錄》（作者改名綠文）出版，警備總部於 1973 年 4 月 23 日發出莊激字第 2861 號函，以其違反〈台灣地區戒嚴時期出版物管制辦法〉第三條（出版物不得有左列各款情形之一）第三款（為共匪宣傳者）及第六款（淆亂視聽，足以影響民心士氣或危害社會治安者），給予查禁處分。

《中國時報》於 1979 年 9 月 8 日起刊登查禁多年的金庸作品，《倚天屠龍記》也首度在國內報紙連載。台灣出版界小巨人沈登恩已經取得金庸授權，分批出版「金庸作品集」全套三十六冊。不知為何，《射鵰英雄傳》台灣遠景首版更名為《大漠英雄傳》，於 1980 年 5 月初版發行；但是，警備總部隨即在當月 28 日發出隆徹字第 2316 號函：

《大漠英雄傳》一書（二十四開本，平裝四冊，計一千六百四十三頁，作者金庸，遠景出版事業公司發行），其內容與經查禁之《射鵰英雄傳》雷同，應予取締，並扣押其出版品。

查禁及查扣理由是：翻印禁書。

1980 年 9 月，《碧血劍》又經由盜版改名爲《碧血染黃沙》。警備總部隨即在 9 月 9 日發出（69）隆徹字第 3930號函：

《碧血染黃沙》一書，（二十四開本，平裝上下兩冊，計七百一十三頁，由翟迅編寫，漢牛、皇鼎兩出版社聯合發行，永在書報社總經銷，民國六十九年九月出版），其內容與警備總部查禁有案之《碧血劍》雷同，應予取締，並扣押其出版品。

警備總部以「翻印禁書」之理由查禁及查扣。

華源出版社盜版之《射鵰英雄傳》，警備總部於 1981年 5 月 15 日發出隆徹字第 1872 號函：

華源出版社（未經出版登記，未註地址）印行之《射鵰英雄傳》一書（二十四開本，區分爲四冊，計一千六百三十二頁，民國五十四年八月出版，由台北市安東街七三巷四四弄四號「南京書社」總經銷），係翻印已查禁之書，依法應予檢扣，函請清查報繳。

依筆者在出版行銷圈服務多年的經驗，華源版的《射鵰英雄傳》的出版日期是明顯造假，理由是：1. 民國五十四年的出版開本以四十八開文庫本及三十二開爲市場主流；武俠小說當年以出租店的三十二開本、一百多頁爲主，鮮少有

二十四開本的武俠小說版本。2. 以當時國民黨政府對台灣
民間社會的嚴密控制，一本小說印好十六年才上市銷售，誰
會這麼做呢？

1981 年 7 月 7 日，金庸獲得國民黨政府邀請，首度來
到台灣參加「國家建設研究會」（簡稱國建會），向國府提出
建言，雙方關係日漸改善。

金庸於 1987 年與遠景出版公司結束合作關係之後，改
授權給遠流出版公司，遠流接手之後更將之發揚光大，成
爲全球華人的讀物。筆者在大學時代曾購買遠景版金庸作
品集全套三十六冊，當時是暑假，讀金庸武俠小說眞是廢寢
忘食，一天讀完一冊四百多頁，花上十多個小時是很正常的
事，就這樣用掉一個多月的寶貴假期，也許你會問說：「值
得嗎？」將近四十年後的現在，我還是會大聲告訴你：「絕
對值得！」手頭上的這套《射鵰英雄傳》已經是 2004 年 7
月 1 日出版的三版二十一刷的平裝本，何況它還有典藏版、
文庫版及線裝版的銷售。

金庸將他寫過的十二部武俠小說，加上三篇武俠短篇小
說〈白馬嘯西風〉、〈鴛鴦刀〉、〈越女劍〉，自擬成一個
對子：

飛雪連天射白鹿
笑書神俠倚碧鴛

金庸作品集正式進入台灣已經快四十年，遠流最近又推

出金庸親自修訂的新版本，希望能獲得新生代的青睞。倪匡說：

　　金庸的小說，總評語是「古今中外，空前絕後」。以前，世界尚未曾有過這樣好看的小說；以後，只怕也不會再有了！

　　這是捧場的客套話，還是倪匡的真心話，答案就等你自己找本金庸小說來閱讀之後，自己決定了！

倪匡，《我看金庸小說》，遠流出版，1997 年 7 月二版。

作者簡介：

金庸（1924~2018），本名查良鏞，浙江省海寧縣人。上海東吳法學院畢業，1948 年到香港，曾任報社編譯、編輯，電影公司編劇、導演等。1959 年在香港創辦明報機構，出版報紙、雜誌及書籍，1991 年將明報機構賣給于品海。他從 1955~1971 年間撰寫武俠小說十五部，廣受當代讀者喜愛，至今已蔚為全球華人的共同語言，並興起海內外波瀾壯闊的金學研究風氣，更將《金庸作品集》推至文學經典的高峰。他曾獲頒眾多頭銜，包括 1981 年英國政府 O.B.E. 勳銜、1986 年香港大學名譽博士學位、1992 年加拿大 UBC 大學 Doctor of Letters 及法國總統「榮譽軍團騎士」勳銜、1994 年北京大學名譽教授、1996 年劍橋大學榮譽院士等。2018 年 10 月 30 日病逝香港，享年 94 歲。

《叛徒的告白》

李筱峰著　四季出版公司　1981 年 4 月 15 日初版

台灣警備總司令部 70.05.20. 隆徹字第 1957 號函

主旨：《叛徒的告白》一書，內容淆亂視聽，挑撥政府
　　　與人民情感，特依法取締，並扣押其出版物，請
　　　查照轉知、查照辦理。

說明：李筱峰著，四季文存（9）（二十四開本，平裝一
　　　冊，三一〇頁，四季出版事業有限公司發行，於
　　　民國七十年四月十五日初版）內容蓄意中傷，淆
　　　亂視聽，挑撥政府與人民情感，影響民心士氣，
　　　危害社會治安，依照〈台灣地區戒嚴時期出版物
　　　管制辦法〉第三條第六、七款及同法第八條之規
　　　定，應扣押其出版物，函請清查報繳。

只有在一個可以「公公開開的講話、平平安安的批評、老老實實的表達」的開放社會裡，以及「一視同仁、天下爲公」的平等社會裡，民隱才有可能被了解。如果言論屢遭壓抑，寫書就被查禁，批評兩句就是「爲匪宣傳」，則民隱必潛藏不彰，社會必然暗藏著暴戾之氣。

李筱峰 本書〈干戈與清議〉

2018 年 5 月 4 日，早起趕赴國立台北教育大學，參加「民主、文化與認同暨李筱峰教授榮退學術研討會」，聆聽他的專題演講：〈我的學思歷程〉。同是戰後嬰兒潮出生的五年級生，在國民黨白色恐怖的陰影下成長，李筱峰自述他如何由一個國民黨洗腦教育下的「法西斯信徒」，經過懷疑、徬徨、思索而蛻變爲一位信仰民主、自由及平等的

李筱峰，《叛徒的告白》，四季出版，1981 年 4 月初版。

自由主義者。這種相似的獨立思考成長過程裡，由相信及全力擁護國民黨，到發現國民黨好話說全卻壞事幹盡，而只圖一家一黨之私的行爲，終究將爲人民所唾棄。

認識李筱峰的文字是從他的第一本書《一個大學生的覺

醒》開始，書序由當時主張「中央民意代表全面改選」的陳少廷（曾任《大學雜誌》社長）所撰寫推薦，買書日期是 1978 年 10 月 10 日，至今剛好四十年。在重新閱讀《叛徒的告白》過程裡，突發奇想地想知道一件事：四十年來，李筱峰教授到底寫作及出版了幾本書？於是，我這個鐵粉就將家裡的李教授作品（著作及合編）花了一番工夫找出來四十五本（包括本書介紹 Chap 10《一個小市民與老長官的政治對話》及 Chap 11《康寧祥與民主政治》，再加上一本發行人及代序都署名李筱峰，卻沒有出版日期的《政治迷你篇（第一冊）》）。目前沒有找到的有《我的覺醒》等幾本，也就是四十年來，李教授已經至少出版四十多本書，真可謂「功德無量」。

李筱峰，《一個大學生的覺醒》，1978 年 5 月初版。

李筱峰，《與馬英九論台灣史》，2006 年 5 月初版。

《叛徒的告白》是署名
李筱峰的第四本書，若加上
《一個小市民與老長官的政
治對話》和《康寧祥與民主
政治》則是第六本。全書連
代自序〈叛徒狂想曲〉共有
五十篇（內含兩篇附錄），從
《一個大學生的覺醒》轉載
的有〈師生之間〉等二十二
篇。分為壹•政治、思想、
宗教，貳•師道、教育、
學風，叁•社會、文化、歷

李筱峰，《唐山看台灣》，日創社，
2006 年 10 月初版。

史，肆•狂想與傳真等四大類。文章出處分別來自《八十年
代》、《亞洲人》、《暖流》、《中國論壇》、《大時代》、
《時報週刊海外版》、政大教育學系系刊《杏壇》、《自立
晚報》、《大學雜誌》、《台灣時報副刊》、《夏潮雜誌》、
《綜合月刊》、《中華雜誌》、《仙人掌雜誌》等等。

　　壹、「政治、思想、宗教」首篇〈政黨問題對話〉，即
用張三及李四對話的方式，首先以國民黨總理孫中山的「民
有、民治、民享」之三民主義理想，來反駁國民黨的「黨天
下」思想。其次是修理「革命民主政黨」一詞的荒謬矛盾。
說到底是「革命政黨」？還是「民主政黨」？因為一個秘密
的「革命政黨」，便不可能同時也是公開的「民主政黨」。
其次是國家今天沒有國民黨執政，行嗎？但是從民主的理論

來說，絕不能同意萬世一黨的主張。因為有無「能力」治國，是政黨各自的事，他黨毋用操心。至於有無「權利」治國，不是任何黨派有權決定，而是要由人民來選擇。最後，行政院孫院長在答覆立委費希平、康寧祥、黃信介〈我們所面臨的三項政治問題〉的聯合質詢時，明白答以「凡與三民主義不同意識形態的政黨，自非當前國策所允許。」李筱峰卻以孫文的政黨主張，如「國基初定，百端待理，今後之興衰強弱，其樞紐全在代表國民之政黨。」等，指出三民主義意識形態的政黨，是一種道道地地、不折不扣的民主政黨，暗示這些不肖黨員正違背總理思想，來打臉國民黨。

〈可以砸電視機的社會〉以甲乙兩人對話來破解國民黨以台灣每十二人有一份報紙，每兩個半人有一台收音機，每十五人有一台電視機，每兩個人有一份雜誌，來證明中華民國的言論自由。然而，一個社會有無言論自由，不是看它的大眾傳播工具的數量多少，而是人民能利用這些傳播工具的自主性有多高；如果它隨時被官方勢力所操控，則社會很難有充分的言論自由。最後比較台灣與中國的言論自由：台灣人民至少擁有不看電視的自由，砸破電視機的自由；在中國，你敢把電視機砸破嗎？那些吹噓「偉大的社會主義建設」節目，誰膽敢去冒犯？所以，選擇可以砸電視機的社會是對的。

〈「野心」不可怕！〉一文，旨在闡明：其實「野心」一點都不可怕。真正可怕的是，一個社會沒有一套足資制衡的制度和力量，以防止野心的過度氾濫，以至造成某些人的

野心可以通行無阻，而另一些人的野心則毫無發展的餘地。這樣的社會，才真正可怕！因此，一個人對於參政有「野心」（或「大志」）也不可怕，真正可怕的是一個社會容許某些人可以久居要位，終身戀棧不去，而另一些人卻只能在一旁乾瞪眼，毫無表現的機會。而民主社會的選舉，就是讓人民選出其所中意的「政治野心」。

李筱峰，《快讀 228》，允晨文化，2016 年 2 月 28 日初版。

〈干戈與清議─寫在高雄事件之後〉一文，刊登於《大時代雜誌》第八期（1980 年 2 月號）。主要在探討造成高雄事件的前因及後果，或許有助於日後防範，以避免悲劇重演。同時對國民黨政府發動大眾傳播媒體，運用清一色抹黑的態度，自任法官加以新聞審判，更大量使用尖酸刻薄的言詞，彷彿這些人是魔鬼化身等等落井下石的咒罵聲音之外，很少聽到檢視事件發生的言論。

對於輿論界一致讚揚憲警人員奉命「打不還手，罵不回口」的「忍辱負重」精神，卻是毫不檢討何以這些與民眾無冤無仇的憲警會成為民眾出氣的對象。因此，只有尋求社會苦難之所在，了解社會苦難之原因，解除社會苦難之壓力，

才能使社會步上和諧之路。否則，永遠「打不還手」並不是辦法，「除惡懲兇」也無濟於事。要尋求社會苦難之所在，進而了解其原因、解除其壓力，最有效、最根本的途徑還是在於理性的、開放的「民主法治之路」。

高雄的干戈，或許便是在清議未能順遂的潛抑之後，所爆發出來的？期待每一個呼籲民主、自由的人士，都要記取高雄事件的教訓，要以溫和漸進的方式，從事啓迪民智的活動，否則欲速則不達。

貳、「師道、教育、學風」篇之〈知識良心大賤賣〉緣起於《八十年代》第五期（1979 年 10 月號）重刊殷海光先生的〈學術教育應獨立於政治〉（原刊《自由中國》18 卷 10 期）。殷先生指出：極權統治地區籠罩著泛政治主義，大都是「以黨治國」地區，因此政府反而成爲一黨專政的工具，其教育是「黨化教育」。而黨化教育特色有：

一、灌輸青年，使青年們不知不覺之間憖黨的立場和一孔之見來看世界、看人、看事。

二、將教育當做黨的宣傳工具，製造青年們分享黨的情緒；憎惡黨所憎惡的事物；喜好黨所喜好的事物。

三、神化黨的人物，和黨的歷史。

四、造成青年們一個印象，以爲國家雖大，若無此黨，日月爲之無光，天地爲之色變；故捨此黨莫屬。

五、要把下一代牽著鼻子走，跟著歌頌這個黨，爲這個黨搖旗吶喊。

黨化教育的目標，係爲黨鑄造下一代的預備隊，奠立一黨統治的萬世之基，也就是將一黨統治的意識向下一代的延伸。

　　學術教育是百千年大事。學術目標是吸收知識，發現眞理，增進技能，保存文化。而教育的目標，除此以外，還有陶鑄優良的品性。眼見國民黨胡作非爲的在學校建立黨化的政治組織，控制校內師生的生活，掌握學生的社團生活；並且安置秘密或半秘密的「安全人員」駐校偵察與監視教師及學生的言論和思想，使得師生感受有一隻冥冥之手威脅著他們，什麼正當事都不敢放膽去做；再就是憑藉政治力量，把一黨的黨意等列爲必修科目。

　　新聞局將殷先生此文影印並函請教育部研析，經教育部「教育計劃小組」研析後，答覆新聞局，新聞局再將答覆文檢送八十年代雜誌社查照。此舉頗令作者憂喜參半，喜的是：握有書刊雜誌「生殺大權」的新聞局，對於敏感文章照慣例下個公文，找個理由即可查禁、停刊。此次卻一反常例，將之函送教育部，請行家答覆；讓人期待新聞局今後處理書刊時，都能如此開明及理性。然而憂的是，答覆文一開始承認學術獨立的重要，也坦承教育是國家事業，但卻對殷先生文中所指涉的教育「黨化」現象及「黨團工具」現象隻字不提，更視若無睹。可見，這位教育計劃小組的「教育專家」只是躲在冷氣房裡白紙寫黑字而已。

　　這位專家據悉還是位年輕知識青年，卻以懵懂自欺的知識騙局來指鹿爲馬、顛倒是非，爲贏得一官半職，只一味逢

迎拍馬，出賣學術良心。這種行為不禁令人欷歔！

　　李筱峰用他的健筆，四十年來為我們的社會提供正確的觀念，也為民主、自由、平等的台灣，付出了他的打拚，應該說他是台灣優秀的知識份子。雖然已經榮退，也很期待他的回憶錄早日面世，讓年輕一代有一位學習的典範。

作者簡介：
請參閱本書 Chap 10.《一個小市民與老長官的政治對話》作者簡介欄。

《政治笑話集》

鄭牧心編　四季出版公司　1981 年 4 月 20 日初版

台灣警備總司令部 70.05.21. 隆徹字第 1959 號函

主旨：《政治笑話集》一書，內容淆亂視聽，挑撥政府
　　　與人民情感，特依法取締，並扣押期出版物，請
　　　查照轉知、查照辦理。

說明：由四季出版公司出版及發行，鄭牧心編著之四季
　　　文存（10）《政治笑話集》一書，對明知為業經
　　　政府權責機關處分八十年代雜誌停刊，其所刊載
　　　匪幹嘲諷〈政治學台北〉蓄意醜化政府，淆亂視
　　　聽，對民心士氣有嚴重不良影響之漫畫，仍予刊
　　　載散布，其明知故違，顯已達反〈台灣地區戒嚴
　　　時期出版物管制辦法〉第三條第六、七款，依同
　　　法第八條及戒嚴法有關之規定，應予取締，並扣
　　　押其出版物，函請清查報繳。

政論的形式與內涵原本就是相依相成的，政論聲浪的漲發與激盪，固然可以助長政論外型的突破更新；反之，多彩變幻的政論形式亦足以誘發金石交鳴的時代呼聲。放眼近年台灣的紜紜政論，且撇開應聲蟲式的樣板論述，在政論掙扎求生的戮力中，似乎如奇蹟般已閃現了一襲變幻多姿的彩衣，雖在若隱若現之間，卻也透露出幾許真誠的時代呼聲，保存住些微的歷史脈動。

鄭牧心 本書編序〈變體政論—笑話連篇〉

做為歷史學者，鄭牧心可謂眼光一流，他的第一本作品《台灣省議會之變局》與第一本編著《政治笑話集》都很受警備總部賞識，給予查禁、查扣處分。

作者在本書第一篇〈台灣政論的變形與突破〉，試圖以歷史的角度，探索二次戰後台灣政論變型的曲折過程，同時也嘗試展示台灣政論力求突破現狀的變體款式，如政治劇本、語錄、小

鄭牧心編著，《政治笑話集》，四季出版，1981 年 4 月 20 日初版。

品、政治漫畫、警語與笑話等等。在緩慢的歷史進程之中，國民黨政府受制於內外政治情勢的壓縮，使得台灣政論的形

〈政治學習台北〉漫畫，摘自《政治笑話集》一書，導致本書被查禁。

式似乎出現轉機，雖仍在若隱若現之間，仍能窺見其豐富且多姿多采的變化趨勢。

第二篇〈西遊記與政治故事〉，則以少數老一輩政論家，利用一般民間所熟知的小說演義、俚俗或典故，來談論政治上的原理及原則，藉此來諷諫當局、批評時政兼啓迪民智，這是早年台灣政論體裁上的匠心獨運。

例如：薩孟武（台大教授）和陶百川（監委）兩人在一九五〇年代先後以《西遊記》裡的唐三藏、緊箍咒與孫悟空的三角關係，來比喻爲政治設計中的一種關鍵原理。

薩孟武將唐三藏比喻爲國王，緊箍咒爲法律；陶百川則將唐僧比喻爲人民，緊箍咒比喻爲言論自由；這顯示了他們的共同看法，就是在人類求生存的艱難過程之中，有如唐

僧往西天取經所遭遇到的連續不斷的困境，靠孫悟空的一路保護（如同政府管理眾人之事），才能逢凶化吉、遇難呈祥，但是孫悟空畢竟是隻潑猴，其野性難馴（如同掌權者可爲善亦可爲惡），因此需要設計一套法寶—如緊箍咒（法律或言論自由），才可能加以制伏。他們啓發於社會大眾的意旨是：「政治好比孫悟空，人民要唸緊箍

鄭梓，《戰後台灣議會運動史之研究》，1993 年 5 月。

咒。」其主要目的應該是促請黨政者要遵行民主政治的基本原則，同時提醒權力的分配與制衡，首要在司法獨立與言論自由。

　　第三篇〈擇惡固執乎？嫉惡如仇乎？〉敘述從 1960 年 9 月雷震案發生、《自由中國》半月刊被停刊，新黨—中國民主黨—無以爲繼，終未成立。同時台灣政論圈進入一段很長的沉悶期，但是政治總是需要批評的，少數政治評論者抱持著「不能說它，但是還要說它」的心情，找尋閃避銳鋒的方式，遂衍生出諷刺文體。而諷喻現世、幽默人間百態的《人間世》月刊（發行人兼主編劉濟民）就在 1960 年代初期創刊，在此因緣巧合之下，這種諷諫當道、指斥時政的諷刺文體，成爲五〇年代到七〇年代突破政論形式的一種過渡文體。

這時期諷刺文體的代表性人物是王中原，他將六〇年代在《人間世》發表的文章，出版《嫉「善」如仇集》與《擇惡固執集》兩書，邀請陶百川先生作序，陶先生說書名如同文章一樣是「正言若反」或「反言若正」。王中原是以憤世嫉俗之心，藉長期新聞工作的觀察，揭發現實的醜陋面及時政的弊端；他所諷諫的對象只是地方政客，所指摘也僅

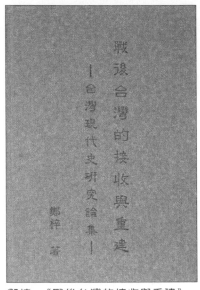

鄭梓，《戰後台灣的接收與重建》，1994 年 3 月初版。

止於時政的表面而已。這種諷刺，實在難以深入時政背後的政策及權力運作核心問題。但是礙於時代條件及政治氣氛，亦是無可奈何的事，這個時期的諷刺文章只能算是政論形式的中間過渡期而已。

第四篇〈知識份子與大小便〉描繪到了七〇年代，台灣的戰後新生代對政局的期待愈切，針砭時政之心也愈炙熱，他們在找尋機會，從各個途徑給予表達。對於政論形式另闢他途的努力，可以引用這兩人來窺視七〇年代的政論是如何承接及轉進的曲折脈絡。

首先是有「台灣活寶」之稱的潘榮禮，他的笑話七〇年代初期大多發表在《人間世》雜誌；到 1976 年 9 月以後，

他在《夏潮》另闢「彈笑集」專欄，同時從他歷年來出版的笑話集：《覓心記》、《招魂記》、《推動搖籃的手》、《時事陳情表》、《談笑集》、《台灣活寶集》、《潘榮禮詼諧集》等等，就可看出他的寫作對象，由身旁好玩的妙人妙事，達官顯貴的笑料，以及重大時事，政府施政的種種不公或不平……一路發展下來，不斷提高其政治性，漸漸創造出其政治笑話的獨特文體。潘榮禮生於鄉村，長於鄉村，迄今還在鄉村耕讀生活，以一個「庄腳人」的純眞來戲謔外界事物，如同娃娃看天下一般；正因爲他的樸實，難以接受政治複雜的權謀變幻，更不願觸及政權不公與不德的統治性格，所以他的笑話雖然引發政治技術層面的笑料，卻未能深入裡層，進一步深刻化爲笑中帶淚的境界。

1977 年「中壢事件」之後，群眾運動興起，在黨內外的衝突不斷升高中，潘榮禮作品無論取材、內涵與深刻都有長足的進步，可惜，雖然當時政論氣候轉佳，批評者稍能大聲直說，但政治笑話等旁敲側擊的變體政論卻已失去主流地位。

第二位是署名「老國民」，在《夏潮》雜誌發表一系列政治小品文。他應該是長年生活在都市裡的文化人，對文化界的人物與事情特別敏感，尤其有關民族自尊與文化本位出路問題，他總有滿腔的感嘆：不管是怨還是嘆，擺脫不掉的是小知識份子面對勞苦大眾時的又悔又恨；不論他是自然滿溢的，還是壓榨出來的熱情，終究他所要表達的只不過是知識份子在現時環境下的微弱無助的良知。

鳥瞰台灣五〇年代後期至七〇年代前期，屈指可數的幾家政治諷刺文、小品及笑話，在技巧與內涵二方面都未達純熟境界。

　　1978 年間，《台灣日報》發行人傅朝樞為了因應黨外人士在政治焦點上與國民黨的不斷抗爭及接連一波波的衝突，《台灣日報》不但在二、三版上連續推出一系列黨外知名人士的署名文章；同時還在副刊開闢兩個專欄（孟絕子的「雷公雨」及陳冷的「冷言冷語」），這兩個專欄的冷嘲熱諷，都有變體政論的餘韻，頗能施展其指陳時政，揭露不公不平的批判威力。六〇年代時，孟絕子即開始在《人間世》等刊物撰寫雜文與小品，他自稱「烤醃」過的熱心熱肝進行現實與良知的批判。中壢事件後，台灣政論環境稍微寬鬆，孟絕子此時在《夏潮》、《台灣日報》、《人間世》等刊物馳騁其批判之筆，筆調也更趨近時政了。

　　1978 年中央民意代表增額選舉開鑼，除了政見發表會、街頭演講、抗議歌曲等有聲政論外，諷刺圖畫也得到發展環境。諷刺圖畫隨著候選人的傳單、海報、小冊四處紛飛，其中最為有名的大字報壁板是「民主牆」與「愛國牆」，成為諷刺圖畫的集中地，選舉期間天天上演諷刺性的妙聞與妙畫。相關政策性批評的諷刺漫畫有：三十年未解除的戒嚴令問題、有關法統及中央民代繼絕與老化問題、選舉公平問題、司法獨立與尊嚴問題、經濟政策與勞工問題、批評黨國不分的問題等等。諷刺圖畫從內容方面看，對於政治上重大問題都已觸及，用漫畫批評執政黨的風氣也已開始；

再從形式方面來看，技巧亦漸成熟，文字的旁白也減至最低，朝向漫畫本身來獨立傳達諷喻與品評意味境界相近。猶待提升的是更深刻的思想與更雋永的意境，已成就一家獨特的作品風格。

1978 年中央民代增額選舉，因為「美中建交」而暫停。《夏潮》、《長橋》都遭停刊處分。翌年「禁止雜誌登記一年」到期，康寧祥的《八十年代》於六月創刊，接著《美麗島》、《鼓聲》、《春風》也相繼創刊。國民黨員也相繼創辦《疾風》、《顯微鏡》、《黃河》、《大時代》來抗衡。在刊物言論尺度自求突破的壓力下，不管是指諫當局、批評政策，不必再過分自縮；同時，「政治漫畫」開始一枝獨秀，可以密切配合文字政論發揮批評政治的強勁打擊。其中，以 Co Co 表現機會最多，已呈現個人獨特風格，他對事物的指斥甚為犀利且意境雋永，內省與提升意識仍在增強中。可惜在《八十年代》第七期，Co Co 的一張〈政治學台北〉漫畫，內容是諷刺「五權分立」的摔角鏡頭，再配上一群中共高幹在一旁圍觀地興高采烈，連聲叫好：就是要學台北這種「五權分立」的政治摔角。

國民黨政府受不了這種諷諭，遂在 1979 年 12 月 20 日下令《八十年代》停刊一年，官方公文中所列舉停刊處分最重大的一項理由是：「用雙頁刊載匪幹嘲諷〈政治學台北〉的漫畫，極盡醜化政府之能事，對民心士氣有嚴重不良影響。」

隨著 1979 年 12 月 10 日世界人權日，「美麗島事件」

引爆，以美麗島爲首的黨外人士，陸續被以叛亂罪嫌逮捕，
黨外雜誌全部被查禁及停刊。黨外人士與黨外雜誌又進入另
一個寒冬。

作者簡介：
請參閱本書 Chap 7.《台灣省議會之變局》作者欄。

《等》

曾心儀著　四季出版公司　1981 年 3 月 25 日初版

台灣警備總司令部 70.06.18. 隆徽字第 2452 號函

主旨：四季出版公司發行之《等》一書內容淆亂視聽，
　　　挑撥政府與人民情感，特依法取締，並扣押其出
　　　版物，請查照轉知、查照辦理。

說明：由台北市羅斯福路四季出版公司出版及發行，曾
　　　心儀著《等》一書，其中〈在痛苦中成長〉一文，
　　　對高雄暴亂事件蓄意歪曲，為叛徒作有利辯解，
　　　混亂社會視聽，挑撥政府與人民情感，此項不妥
　　　文字，經台灣警備總司令部約談勸告該書發行人，
　　　刪除後再為發售，迄今為時逾月，延未履行，應
　　　依〈台灣地區戒嚴時期出版物管制辦法〉第三條
　　　第六、七款，同法第八條及戒嚴法有關規定，予
　　　以取締（即查禁）並扣押其出版物，函請清查報
　　　繳。

親愛的素敏，我們的姐妹，妳不是孤寂的。妳難道不知道，全國有多少人在關心妳嗎？都在爲妳及大劫餘生的家人祈禱。精神上，我們無數的人都是一致地關注妳。……我們人類，既然生而不能免於痛苦，就讓我們發揮智慧，去解除痛苦。素敏，要懷有信心，人間有溫暖，讓我們手牽手走過這條痛苦、崎嶇的路。

曾心儀 本書〈給素敏—一封公開的信〉

《等》（「四季文存8」）是曾心儀繼《我愛博士》、《彩鳳的心願》、《那群青春的少女》的第四本作品集，仍然以小說爲主，並編入幾篇散文（〈在痛苦中成長〉、〈給素敏—一封公開的信〉等）。而〈在痛苦中成長〉一文，是作者本人參與「美麗島事件」現場狀況及後來加入救援工作，她親眼目睹國民黨的逮捕大批黨外

曾心儀，《等》，四季出版社，1981年3月25日初版。

人士及利用媒體抹黑、栽贓及光天化日下謀害林家三祖孫及一重傷的恐怖感受過程（時間由1979年12月8日至1980年4月27日）。難怪國民黨政府對《等》一書急急忙忙的運用「內文不改即查禁」政策，加以查禁與查扣。

筆者嘗試利用〈在痛苦中成長〉一文，保留其精華部分，讓我們重回 1979 年底的「美麗島事件」發生的時刻：

曾心儀，《走進福爾摩沙時光步道》，2006 年 12 月初版。

十二月十日　週一　熱
　　……在飛機上，姚律師與我隨意聊天。他說：黨外人士不要擺出苦兮兮的樣子，還是要輕鬆愉快地過活，這樣才能給一般人產生信心。他又說：從事民主運動雖受到壓力，但是他已獻身給這個改革運動，倘若因此被槍斃，他也不會有怨言。……
十二月十一日　週二　熱
　　……陳菊預立遺囑，說她如果被槍斃，希望活著的朋友為她火葬，葬在宜蘭家鄉。……
十二月十二日　週三
　　日報登治安單位決定依法嚴辦。
　　下午五點，美麗島總社開記者招待會。張俊宏答記者問話時，言詞之沉痛，加上表情和手勢；他好像快要把心給掏出來似的。……
十二月十三日　週四
　　……上午接到美貞電話，說她哥哥俊宏及林義雄被捕。

不久又接到電話說：王拓、紀萬生、姚嘉文、蘇秋鎮被捕。……中午起來看電視新聞，才知共有十四位黨外人士被捕，施明德逃走。……看完電視，搭計程車直奔中央新村，向胡秋原委員請願。胡委員勸我回家專心唸書，說：女孩子不適宜，也沒有能力介入政治的。

十二月十四日　週五

早上九點，被捕的家屬們在軍法處門外的秀朗橋底下聚集，要送衣物、食品及錢給被捕者。……在軍法處時，晚來的人說，黃信介委員也被捕了。……

十二月十六日　週日　陰雨涼

……早報刊登，邱連輝、邱茂男被捕，有一百多人的名單在掌握中。我覺得我很有機會下獄。……

十二月二十日　週四　晴暖

《八十年代》停刊。《春風》停刊。……

十二月二十六日　週三

……晚上去看張俊宏太太，她很愁苦，聽到的都是壞消息。……真壞的情況。還有多少人要用軍法處理呢？

十二月二十八日　週五　晴暖

李慶榮被捕，……他的妻子李豐……到軍法處查證，才他已在這裡，不能通消息，不知事由。魏廷昱被約談。史菲菲昨天走出《八十年代》雜誌社，在樓下被帶走，以「涉嫌叛亂」收押。……

十二月三十一日　週一

我原以為一去不歸，但談了十四小時，他們竟讓我回

來。回到家，我才相信，他們沒有逮捕我。

一九八○年一月八日　週二　陰冷雨

　　陳若曦回來，下午在國賓飯店有記者招待會。我去了。在會上看到二次版的晚報登施明德被捕。黨外還是不行，想逃都無後路。……

一月十二日　週六　晴暖

　　上午去新北投松林飯店參加歡迎陳若曦的聚會。出席者包括日據時代以來老、中、青的鄉土作家。我是唯一在高雄現場，也是唯一去報到了回來。聚會由陳映眞、黃春明主持。……

一月十三日　週日　陰冷

　　中國時報記者姚琢奇寫：張富忠去過大陸，是台共，是在美麗島事件之前被捕的。最後一點當然是寫錯了。前兩點，令我全身發冷。

一月十六日　週三

　　長老教會高俊明牧師的秘書施碧雲被約談，數日未放回來。一般認爲高俊明處境很堪憂。許天賢牧師被捕。

一月十九日　週六

　　今聽到一消息，傳說洪誌良已被起訴。……搞政治，擺出黨外人士的姿態，竟還敢去大陸！……

一月二十日　週日

　　近日部分家屬收到被捕者的來信。顯示偵查已告個段落。而張俊宏、林義雄、姚嘉文等卻還沒有信來，太太們疑慮重重，極爲痛苦。

二月四日　週一　陰冷

　　林義雄有信來，要妻子帶小孩到鄉下去住，說他要長期在外。張俊宏和姚嘉文還沒有信。……

二月五日　週二　寒冷雨

　　余登發保外就醫。……

二月六日　週三

　　與周渝南下到八卦寮探望余登發老先生。……看到余老先生，不勝唏噓。景物依舊，人事全非。……

二月九日　週六　陰雨冷

　　收到富忠的信。……請我代他照顧他的母親。我把這消息告訴他的家人。現在被捕者的家書，眞是一字抵萬金。

二月十二日　週二　陰雨冷

　　今天放了三人回來：邱奕彬、蘇慶黎、蘇秋鎮。眞是替他們慶幸。希望其他的人也有這樣的幸運，早日回來。

二月二十日　週三　晴暖風大

　　下午幾個朋友一起聽廣播。八人以涉嫌叛亂起訴。

　　……朋友中有學法律的，當即翻開六法全書，查閱後，他臉色一沉，嘆息道：「這八個人，每個人至少關十二年！」……

二月二十一日　週四

　　去看富忠的父母親。順道看邱奕彬。他的神色與過去判若兩人。令我心痛。……如果朋友們回來，都不再活潑，都失去了意志，變成一張張黯然的，缺乏生氣的臉，變成陌生的人；那將是多麼的慘痛啊！

二月二十二日　週五　陰涼風大

　　軍法起訴了。家屬們到軍法處要求會面，商量請律師的
事。……

二月二十七日　週三　陰雨涼

　　上午送菜去軍法處。……八位軍法起訴者，今可與家屬
會面。……返家後，與朋友通電話，得知下午林義雄的母親
在會面時痛哭，一路喊冤，嚎啕哭著離去。

二月二十八日　晴暖　有風

　　林義雄家發生慘案。母親及雙胞胎女兒慘遭殺害，大女
兒重傷入仁愛醫院急救。聽到這消息，彷彿跌入地獄，懼怖
至極！……台灣的政治怎麼會走到這樣的田地呢？實在睡不
著，只得服安眠藥。

二月二十九日　週五　晴暖

　　早上在長庚醫院病房看到林義雄。他身體虛弱，走路
像一張紙在飄著……林律師一向個性耿直，最為大家所敬
愛。……下午，去殯儀館觀瞻遺容。停屍間傳出不止息的，
哀慟的哭聲。林律師夫婦的哭聲和喃喃的低語，最令人傷
痛。……我們活的人，還能為她們做什麼？我們活的人，以
後要怎麼樣過日子呢？

三月十八日　晴

　　今天開始軍法審判。……從電視新聞上看到那八位朋
友，真有恍如隔世之感。……看到每一位朋友的臉容，都令
我心疼。真不知這段日子，他們是怎麼過的？也不知在前面
等著他們的是怎樣的判決？我忍不住在心裡對陳菊說：「妳

的危機感竟然應驗了。」以「二條一」唯一死刑起訴；人們議論紛紛—真要開殺戒嗎？

三月二十八日　週四　晴暖

　　今天是最後一天言詞辯論，被告最後陳述，法庭內一片哭聲。……每位被告大概都把內心的話說盡了。施明德唱出高調—黨禁、報禁、戒嚴令、萬年國會；調子之高可以劃破雲霄。姚嘉文說：獻身給他太太所取名的「美麗島」，但願此番災難不要再降他人。林弘宣求主賜給代表國家執法的庭上，在他判決的關鍵，能被聖靈感動，寬恕一切共同被告。……陳菊請林義雄代她親吻，唯一生還的奐均，說「阿姨愛她」，並對所有的，不能見面的朋友道「珍重」，但沒有「再見」……

四月一日　陰涼有雨

　　高雄事件司法部分，昨天提起公訴。今天家屬們到土城看守所要求會面。……

四月十八日　週五　晴暖

　　昨天司法部分開調查庭。刑求逼供的事被揭出來。下午廣播發出消息：軍法宣判。施明德無期徒刑。黃信介十四年。其他都是十二年。……

四月二十七日　週日

　　……而我，這幾月來點點滴滴的撞擊，那麼多慘痛的見聞和經驗，像刀斧在心上深深的刻下……我心中交織、掙扎著；我或是做一個大虛無主義者，眼睜睜看著那些爾虞我詐，不予理睬呢？或是學圓滑世故些，向老奸巨滑看齊，以

便於在社會上立足？政治、人性、道德；能分家嗎？一向愛好文學、藝術的人廁身在這樣的亂世裡如何能夠保持頭腦清醒而不發瘋？政治搞到滅門血案，不要說女孩子不適合介入；哪一個身心健康的人又能介入呢？

　　曾心儀認為小說可以反映人生，有助於社會改革。也許在短期內，改革得很少，所付出的代價很大，但是終究有所幫助。最重要的是，可以促成知識份子的反省。書裡的創作，都各有其背後的故事：〈第三類羅生門〉是由短短的政治笑話引發的靈感。〈烏魚子〉則是作者在余登發入獄期間發表的一篇回憶式的小說。〈給素敏——一封公開的信〉則是回應方素敏於 1981 年 2 月 2 日刊載於自立晚報〈給亡女一

曾心儀編著，《二月杜鵑紅》，1986年 2 月初版。

曾心儀編著，《台灣 1947》，1986 年 2 月初版。

一封無法投遞的信〉，2月2日是亮均、亭均的七歲生日，也是被殺害後的第一個生日，讀來令人無限心痛與不捨。曾心儀繼續參加黨外民主運動與小說創作，主要作品刊載在鄭南榕《自由時代》週刊系列、李敖《萬歲評論叢書》系列，1986年2月主編大特寫叢書（1）《二月杜鵑紅》（林宅血案六週年紀念集）、叢書（2）《台灣1947》。為紀念1989年519於總統府前自焚的詹益樺，主編《阿樺》一書，宣揚他的「愛台灣」之心與勇於實踐的氣魄。2006年出版《走進福爾摩沙時光步道》，藉由書信體形式，描述台灣歷史的過去，讓人們在閱讀過去史實而找到未來的方向。

作者簡介：

曾心儀，本名曾台生，1948年生於台南。文化大學大眾傳播系畢業。1978年投入台灣民主運動。曾獲吳濁流文學獎、聯合報小說獎、美國紐澤西「關懷台灣基金會」社會服務獎等。作品有《我愛博士》、《彩鳳的心願》、《那群青春的少女》、《等》、《貓女》、《游過生命黑河》，主編有《二月杜鵑紅》、《台灣1947》、《阿樺》、《心內那朵花—台灣民主運動的文學紀事》等。部分作品經翻譯為日文、德文發行國際。曾任教於永和、基隆、新莊、三重社區大學「文學欣賞與寫作技巧」，社團法人「台灣文化資產搶救協會」創會理事長。

《千秋・冤獄・黨》

李敖著　四季出版公司　1981 年 9 月 1 日初版

台灣警備總司令部 70.10.21. 隆徹字第 4338 號函

主旨：由四季出版公司出版、發行，李敖著之《千秋・
　　　冤獄・黨》（千秋評論 1）一書，內容淆亂視聽，
　　　挑撥政府與人民情感，特依法取締，並扣押其出
　　　版物，請查照轉知、查照辦理。

說明：由台北市四季出版公司出版、發行，李敖著作之
　　　《千秋・冤獄・黨》一書，內容淆亂視聽，挑撥
　　　政府與人民情感，核已違反〈台灣地區戒嚴時期
　　　出版物管制辦法〉第三條第六、七款之規定，依
　　　同法第八條應扣其出版物，函請清查報繳。

《千秋評論》雜誌出喪後，我決定出版《李敖千秋評論》系列叢書，在出版法第十六條至二十二條軌跡間做「脫軌的老大」。既然不是雜誌，我想：官方應該快樂一點、緊張少一點、度量大一點。「防民之口，甚於防川；防李敖之口，甚於防長江大河」，官方應該學到這種智慧。

李敖 本書〈被封殺的《千秋評論》〉

　　李敖於 2018 年 3 月 18 日因延腦腫瘤病逝於台北榮民總醫院，他以〈老年人和棒子〉刊登於《文星》雜誌第四十九期（1961 年 11 月號），開始主編《文星》雜誌、編輯「文星叢刊」，在他的努力之下，造成《文星》龍蟠虎踞四年的奇蹟。他同時出版了《傳統下的獨白》、《歷史與人像》、《胡適研究》、《胡適評傳》、

李敖，《千秋‧冤獄‧黨》，1981 年 9 月 1 日初版。

《為中國思想趨向求答案》、《文化論戰丹火錄》、《教育與臉譜》、《上下古今談》、《孫逸仙合中國西化醫學》等九本書，以及一百多種的「文星叢刊」對二、三、四年級生掀起一股閱讀李敖作品的熱潮，對台灣的文化風氣造成很大影響。

李敖，《歷史與人像》，
文星版，1964 年 1 月
25 日初版。

李敖，《文化論戰丹火
錄》，文星版，1964 年
7 月 25 日。

李敖，《上下古今談》，
文星版，1965 年 9 月 25
日初版。

　　其後，《文星》雜誌被查禁、文星書店被迫關門。甚至
連李敖告別文壇十書也在印刷廠就被查禁了《也有情書》、
《不要叫吧》、《李敖寫的信》、《烏鴉又叫了》、《孫悟
空與我》、《兩性問題及其他》等六本，其他的《媽離不了
你》、《傳統下的再白》、《大學後期日記甲集》、《大學
日記乙集》四本在塗掉蝴蝶頁及封底之後，才可以發行上
市。

　　1964 年 9 月彭明敏、謝聰敏、魏廷朝三人印製〈台灣
自救運動宣言〉，尚未散發即被國民黨政府逮捕。彭明敏因
國際救援而得以在關押年餘之後釋放，但仍遭國府情治人員
長期跟監。李敖是少數敢和彭明敏聯絡的友人，1970 年初
在彭教授用日本人假護照逃離台灣之後，李敖遭到國府嚴密

監視，再以「台灣獨立組織駐台專員」莫須有的罪名入罪，而軍法判決書的罪狀是：「明知彭明敏有叛亂前科，其叛亂之念未泯，仍秘密與之往來」。

1971 年 3 月 19 日晚上，警備總部派車接李敖進入台北市博愛路保安處，李敖首次政治獄被關押至 1976 年 11 月 19 日，長達五年八個月。出獄第十一日（12 月 1 日），在吳俊才老師的安排下，李敖成為國際關係研究中心副研究員，結果李敖說：「在（國際關係研究）中心我待了十三個月，但是全部上班的時間，不到十三個小時。不但拒絕研究，也拒絕討論、拒絕聽演講會、拒絕簽到、拒絕請領書報，最後拒絕領薪水。」拖到民國 67（1978）年 8 月 20 日，李敖才收到國際關係研究中心蔡維屏簽發的「國際關係研究中心工作人員離職證明書」，離職原因：辭職；離職日期：67 年 3 月 1 日；證明書簽發日期：67 年 8 月 18 日。李敖這個辭職折騰五個多月才成功。

有「出版界小巨人」稱號的沈登恩（遠景出版社負責人）判斷李敖雖然歷經告別文壇、坐牢、隱居等過程，但總有復出的一天，因此他三度求見，李敖到第三次才決定見沈。當初沈登恩提出構想是：再版《胡適研究》與《胡適評傳》這兩本未被查禁的書。李敖認為如此太過寒酸，提出他在受難期間，在香港出版過一本《借古不諷今》，不如再加以增補，改名《獨白下的傳統》來出版。沈登恩馬上贊成，於是就開始秘密籌備出版。

沈登恩不只是一流出版家，也是一流推銷者。《獨白

下的傳統》出版前夕，他向中國時報人間副刊主編高信疆，秘密透露他爲李敖出書將於明天上市。高信疆反應極快，馬上請沈登恩延後一日上市，讓他有時間說服「余老闆」（余紀忠）。在余老闆默許之下，出書之日，中國時報人間副刊全版刊出李敖〈快看《獨白下的傳統》〉，同時社會版刊登〈李敖變了嗎？看他怎麼說！〉專訪稿。風起雲湧，文壇奔相走告：李敖復出了！

李敖，《獨白下的傳統》，遠景版，1979 年 6 月初版。

　　當年 9 月 15 日，胡茵夢經由蕭孟能介紹與李敖認識，翌（1980）年 5 月 6 日，李敖與胡茵夢結婚，證婚人是高信疆和孟祥柯（筆名孟絕子），李敖在 8 月 28 日閱報，見到胡茵夢參加國民黨幕後策動鬥臭李敖的集會，並且口出僞證，即於當天下午在大陸大樓舉行記者會，宣布與胡茵夢離婚。

　　李敖復出之後，在中國時報推出〈李敖特寫〉專欄，國民黨軍方和情治單位一再向余紀忠施壓，余也只能暗扛，李敖深知國民黨是吃不消他的，遂在 1979 年 12 月 6 日寫信給高信疆，結束這個專欄。李敖復出兩年兩個月間，除了由遠景出版社出版《獨白下的傳統》、《胡適研究》、《胡適

李敖,《李敖文存》一／二集,1979 年 9 月 15 日初版。

李敖,《李敖全集》1~6 冊,四季出版,1980 年 10 月初版,7~8 冊,1983 年
2 月初版。

評傳》,由四季出版公司出版《李敖文存》、《李敖文存二
集》、《李敖全集》(首批一至六冊,後增至八冊),還爲遠流

出版公司主編《中國歷史演義全集》等。

　　國民黨在此時撿到一個封殺李敖的機會－蕭孟能誣告李敖案。起因是：蕭孟能拋棄四十年同甘共苦的髮妻朱婉堅。李敖與他們夫妻在文星共事多年，親眼看見朱婉堅幫蕭孟能賺了這些財產，遂仗義執言地認為蕭孟能應該把夫妻共同賺的錢平分，而不該將大批房地產、值錢動產及債權都過戶到小三名下，卻用髮妻名義欠稅欠債，使朱婉堅年近六旬，無以維生，且無法出境謀生。蕭孟能受小三挑撥，誣告李敖侵占。台北地方法院一審李敖獲判無罪。高等法院二審，承審三法官希旨承風、玩法弄權，判李敖六個月徒刑。李敖後來得知，此冤獄之幕後黑手實與國民黨王昇主持的「劉少康辦公室」有關。

　　《千秋評論》的開始，是李敖在 1981 年 8 月 10 日入獄前夜預先編好一至六冊，於當日清晨全部交給林秉欽，由他轉交四季出版公司按月出版。此法乃「錦囊妙計」，林秉欽只要每月拆開錦囊視之，即可付印成書。李敖入獄後，結識石柏蒼，遂建立秘密運出稿件管道，共十七篇稿件從秘密管道運出，成為《千秋評論》第四至六期的特色。

　　《千秋・冤獄・黨》是「李敖千秋評論叢書第 1 號」，於 1981 年 9 月 1 日出版，共有二十篇文章，文章簡介如下：〈被封殺的《千秋評論》〉，按李敖的最初構想是個人雜誌，最初的名字是《李敖評論》。消息傳出後，《時報雜誌》於元旦刊登石敢言的〈有感於李敖辦雜誌〉，石敢言認為《李敖評論》是搞個人權威，把雜誌存在的基本意義抹

煞。李敖遂來一次民主表演，向官方申請以《千秋評論》為名的雜誌執照。1981 年 4 月 18 日，官方依出版法第九條規定正式發給李敖「局版台誌字第 2775 號」執照，一個多月後，再以出版法第十一條第三款「被處二月以上之刑在執行中者」，「不得為新聞紙或雜誌之發行人或編輯人」，而吊銷《千秋評論》執照。李敖遂決定出版「李敖千秋評論」系列叢書，在出版法間做「脫軌的老大」之全部來龍去脈。

〈被封殺的「人民公敵」〉，李敖自述從 1949 年 4 月 12 日逃難到台灣，到 1981 年 7 月 17 日撰寫本文時，他在台灣三十二年歲月的自傳。到台灣，他跳級考入台中一中初二，唸到高三休學在家，考上台大歷史系，對大學教育的讀死書、死讀書、讀書死相當不滿；當完兵，回台大當姚從吾教授的助理研究人員，考入台大歷史研究所當研究生。在 1961 年以〈老年人和棒子〉投稿《文星》雜誌，進而編輯《文星》雜誌，策畫出版「文星叢刊」（四年之內出版一百多本），影響二、三、四年級生的思想，造成一股西化風潮，擔驚受怕的國民黨，遂使出禁雜誌、封書店的殺手鐧。

告別文壇的李敖，只能靠買賣美軍留下的二手家電用品維生。再藉口李敖是「台灣獨立組織駐台專員」罪名判刑入獄，服刑五年八個月後出獄。蟄伏兩年多後，以《獨白下的傳統》一書復出，造成一股「李敖風潮」。接著《李敖文存》、《李敖文存二》、《李敖全集》一～八冊，主編《中國歷史演義全集》三十二冊等，炒熱書市。申辦《千秋評論》雜誌，發給執照，卻又藉蕭孟能誣告案，一審勝訴，二

審被判半年，而吊銷雜誌執照，李敖遂在「二進宮」之前，編妥六冊書，開始「李敖千秋評評論叢書」，本書籍爲第 1 號，出版時，李敖已經入獄三星期了。

他在〈十三年和十三月〉一文說：

我深信的人生哲學很簡單：能少做一分懦夫，就多充一分勇士；能表白一下眞我，就少戴一次假面；如果與覆巢同下，希望自己不是一個太狼狽的「壞蛋」；如果置身釜底，希望自己不做俎肉而是一條活生生的遊魂！

李敖在「李敖千秋評論叢書 119、120」《十年‧十年‧停》（下冊）一書中的〈《千秋評論》停刊告白〉一

李敖等，《千秋評論叢書 119‧120 十年‧十年‧停》（上下冊），1991 年 9 月 30 日初版。

文，告訴我們，《千秋評論》從 1981 年 9 月出版第一期，到 1991 年 9 月第一百二十期，剛好滿十年。國民黨政府查禁四十二期，其中從第四十三期連續查禁到第六十九期，也就是查禁兼查扣兩年三個月之久，這應該也可列入金氏世界記錄了！查禁至第七十四期（1987 年 12 月出版）結束，第七十五期（1988 年 1 月出版）再無查禁紀錄。

李敖是個毀譽參半的人物，褒者譽為大師、先知等；貶者罵其為文化太保、流氓等；若能平心靜氣地思考一下，他為台灣社會的貢獻是大於破壞的：在國民黨蔣家父子獨裁專橫、一黨獨大的年代，李敖用一支筆，替許多人民說出他們的心聲，代替他們責罵執政當局，扮演著羅賓漢的角色，在苦悶的小島上，指出未來的方向。五十多年來，李敖出版、編輯的書籍被國民黨查禁、扣押九十六本，這又是國民黨的一項世界紀錄的劣跡！所以光以「爭取百分之百的言論自由」一項而言，李敖和鄭南榕可以說是對抗國民黨的「冠軍」！

如今，緬懷故人之餘，如何捍衛「言論自由」是我們這些留下來的人自己的事了！

李敖等，《萬歲評論叢書 40》，1987 年 3 月 31 日初版。

作者簡介：

李敖（1935~2018），生於中國哈爾濱。1949 年隨父母逃難來台。以同等學力考上台大，台大歷史研究所肄業。1961 年底參與編輯《文星》雜誌工作，帶領一波文化思潮，導致《文星》雜誌被禁、文星書店被關。1972 年因叛亂罪服刑五年八個月，1979 年以《獨白下的傳統》一書重出江湖。1980 年 5 月 6 日與胡茵夢結婚，旋於 8 月 28 日離婚。1981 年 8 月因侵占罪「二進宮」，9 月開始每月一書的「李敖千秋評論叢書」至 1991 年 9 月出刊一百二十期。這期間還又寫又編《萬歲評論》四十期及免費義助黨外雜誌稿件的《李敖千秋評論號外》四期；隨後創辦《烏鴉週刊》二十四期、《李敖新刊》七期，辦了近半年的《求是報》，再辦《李敖求是評論》月刊六期。2000 年

李敖，《千秋評論號外 4》，1984 年 4 月 15 日初版。

吳祥輝，《李敖死了》，1986 年 9 月初版。

代表中國新黨參選總統落選。2004 年當選立法委員，2006 年參選台北市長落選，2011 年代表親民黨參選立法委員落選。2017 年李敖受訪，透露罹患腦瘤，2018 年 3 月 18 日因腦瘤惡化合併水腦加劇逝世，享年八十三歲。

《望春風 —— 台灣民主運動人物奮鬥史》

蔡憲崇著　　自印　　1981 年 10 月 5 日初版

台灣警備總司令部 70.10.28. 隆徹字第 4374 號函

主旨：《望春風—台灣民主運動人物奮鬥史》一書，內
　　　容淆亂視聽，挑撥政府與人民情感，經依法取締，
　　　並扣押其出版物，請查照轉知、查照辦理。

說明：該書著者蔡憲崇（三十二開本平裝一冊一八○頁，
　　　民國七十年十月五日第一版）內容歪曲事實，分化
　　　團結，淆亂視聽，挑撥政府與人民情感，足以影
　　　響民心士氣，危害社會治安，依〈台灣地區戒嚴
　　　時期出版物管制辦法〉第三條第六、七款及同法
　　　第八條之規定，應扣押其出版物，函請清查報繳。

三十多年來台灣地區的民主運動充滿了辛酸的血淚和苦難；洶湧的政治波濤無情的打擊著過去背負著民主十字架的前輩，我們固然不能以得失成敗論英雄，但是我們總是期望曾反覆重演的悲劇有早日結束的時刻。雖然從事民主運動的辛酸滋味如人飲水冷暖自知，但是我們相信民主的潮流是擋不住的，愈來愈多有所覺醒的優秀青年將要投入未來的民主運動，貨真價實的民主政治才是國人普遍要求的生活方式，我們在此緬懷過去為民主奉獻的前輩，他們的風骨氣節言論行為所留給我們的是多麼豐富寶貴的遺產，如果身為後輩的我們不懂得珍惜，那是多麼慚愧和愚昧，他們所確立的目標更是值得所有追求民主熱愛自由尊重人權的同胞，心連心手牽手進一步為我們的社會國家來努力的。

康寧祥 本書序〈承襲前輩香火 踏上先賢腳步〉

本書是蔡憲崇陸續在黨外雜誌撰寫介紹戰後民主運動先賢而編輯成冊，共有李萬居、郭國基、余登發、林番王、葉廷珪、楊金虎、黃順興及郭雨新等八位。奇怪的是雜誌刊登時並無查禁，反倒是彙集成書，卻被以管制辦法第三條第六、七款在出書後二十三天即被查禁及扣押，原因是：蔡憲崇以黨外身分參與當年的台北縣省議員選舉。以下是兩位台灣民主先賢的簡要介紹。

〈台灣民主運動的鐵漢—李萬居〉一文，李萬居是我故鄉雲林之鄉賢，1901 年生於雲林口湖鄉，父親李籛，母親吳嬌，姊姊李藕，九歲喪父，由堂兄李西端資助入私塾

學習；十八歲時母親因無錢繳交水租，被日警恐嚇後自殺，他外出工作謀生。1923年，他在親友鼓勵及資助下，經福州轉往上海考上民國大學，受教於國學大師章太炎等人。1926年遠赴法國，兩年後進入法國巴黎大學文學院攻讀社會學，輔修政治學。1932年回上海任教兼翻譯法文著作，翌年參加中山文化教育館的編輯工作，翻譯完成有《法國社會運動史》、《現代英吉利政治》等書。1937年應日本問題專家王芃生之邀，參加軍事委員會國際關係研究所。1942年受命為國際問題研究所駐廣東、香港區辦事處少將主任。組織台灣革命同盟會，被選為常務委員兼行動組長。

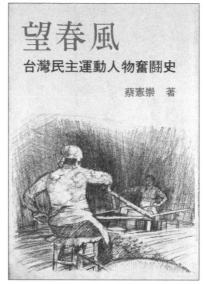

蔡憲崇，《望春風—台灣民主運動人物奮鬥史》，自印，1981年10月5日初版。

1945年他在重慶創辦《台灣民聲報》半月刊，鼓吹台灣革命。8月，日本投降，國民黨政府以他「在抗戰期中從事對敵工作，成績斐然」頒發甲等勝利勳章。隨陳儀返台，接收新聞事業—《台灣新報》，改組為《台灣新生報》，並擔任首任社長。

1946年在台南縣（今台南縣市、嘉義縣市、雲林縣）被選為參議員，再被推選為省參議員，台灣省參議會於5月1日

成立，被推選爲副議長。10月當選爲制憲國大代表。

1947年爆發二二八事變，《台灣新生報》詳實報導當時混亂狀況，極力泯除造成衝突的因素，但他以青年黨籍而手握輿論媒體，終爲國民黨當局所忌諱。行政長官公署改組爲省政府時，將新生報改組爲公司組織，李萬居被架空爲有名無實的董事長，後請辭。當年10月25日創辦《公論報》，保持他一向追求自由、獨立的言論立場，由此到1949年是《公論報》的黃金年代，因爲報導詳實、立論公正，有台灣「大公報」之美譽。

1951年11月18日，當選台灣省臨時議會第一屆省議員，競逐副議長落選。1954年連任第二屆臨時省議員，任內列舉事實，公開批評國民黨行政缺失，《公論報》更常有批評政府措施的重要言論。他的編輯、記者經常觸犯言忌而銀鐺入獄，經濟面的打擊更是接踵而至，他爲使公論報能如期發行，耗盡一切資源。1957年連任第三屆臨時省議員（後改爲第一屆省議員），與郭雨新、郭國基、李源棧、吳三連等並稱「省議會五虎將」，加上女將許世賢又稱「五龍一鳳」，極力批評政府行政缺失。1960年連任第二屆省議員。《公論報》對蔣介石欲修憲及連任一事，有詳盡報導；並和雷震等人籌組中國民主黨，內定爲組織部長，後因雷震被捕，新黨未成立。

1961年《公論報》因爲缺乏資金經營，加上政治因素，被迫對外開放增資，被有心人士設計，變更名義，產權被逐步侵蝕，引發多年訴訟。1963年再度連任省議員，

成為省議會成立以來最資深議員（1946~1966），但因飽受政治、經濟等各種壓力，心力交瘁，已不復經常至省議會質詢，因心臟病、糖尿病併發，於 1966 年 4 月 9 日病逝台大醫院。

〈台灣民主運動的獅子吼─郭國基〉一文，敘述郭國基於 1900 年在屏東東港鎮出生，就讀東港公學校、台南長老教會學校（今長榮中學）。1917 年留學東京青山學校中學部、明治大學預科、明治大學政治學科。1920 年他和台灣留日學生組織「新民會」，獻身台灣社會運動，連任幹事六年，每逢開會必闡述民族大義，林獻堂稱譽有加，賜號「郭大砲」。《台灣青年》於同年 7 月創刊，任編輯委員。

1921 年加入「台灣文化協會」，並在《台灣青年》二卷五號及三卷一號發表〈戰爭的教訓〉。翌年加入「台灣議會期成同盟」。1923 年他組織「留學生文化講演團」，在文化協會策畫下，於 7 月 21 日至 8 月 7 日間，到台灣各地巡迴演講。1925 年明治大學法學部畢業，前往北平，晉謁黎元洪總統，上萬言書，報告台灣事情。結交盛世才，秘密加入中國國民黨東京支部黨員。1927 年，台灣民眾黨成立，加入為基本黨員。翌年和鈴木久代女士結婚，返台定居高雄，先任教於長榮高等女學校，後任高雄州廳民事調停官。

1942 年他涉入鳳山、東港、旗後、旗山事件，被日警指控「在自宅雞舍內，密裝無線電發報機，通謀美機轟炸高雄港，炸毀高雄軍事設施」，輾轉於高雄、台北監獄，由日警施酷刑，只得招認「接受國民政府蔣介石主席運動資金，

意圖反叛日本」，初審判決無期徒刑，複審改判有期徒刑十年。1945 年日本投降前，保外就醫，已入獄近三年。國軍前進指揮部於 10 月駐台。他即糾合東港事件受害者，組成復仇會，將罪魁禍首潮州警察課長仲井清一，抓到高雄半屏山打死，為冤死者復仇。1946 年被選為高雄市參議員，再被推選為台灣省參議員，並擔任國民黨高雄市黨部第一任指導員（主任委員）。

翌年「二二八事變」，被逮捕入獄 210 天，差點遭槍斃，乃脫離國民黨，參議員任內以敢言著稱。1951 年臨時台灣省議會成立，採取縣市議會間接選舉，他在高雄市議會只獲兩票而落選。

1957 年臨時省議會第三屆採直接選舉，他轉移陣地，遠赴台北參選，以第二高票當選。翌年，省議會第三屆第三次大會警務質詢，因言論激烈，遭控誹謗，獲判駁回。

1960 年在台北競選第二屆省議員，獲最高票當選。他卻和落選人一起控訴「選舉無效」，要求查驗投票所選票數，力求革除選舉事務各項弊端，被駁回。

1963 年在台北競選第三屆省議員，終告落選。1967 年在台大醫院治療直腸癌。1968 年返高雄競選第四屆省議員，以「賜我光榮死在議壇」的悲壯標語，第二高票當選。

1969 年參選增補選立法委員（台灣第二選區，有彰化、雲林、嘉義、台南縣市、高雄縣市、屏東、台東、花蓮、澎湖等十一縣市），以「懇請助我進軍立法院！！」標語，當選立法委員。1970 年 2 月 24 日宣誓就職，5 月 28 日因直腸癌引發尿

毒症，病逝台大醫院，享年七十一歲。

　　郭國基在 1960 年台灣省議會第二屆第一次大會總質詢，向省主席周至柔質詢時提出「全世界所沒有的，僅自由中國有的二十七條」，經過將近六十年之後，依筆者之淺見，還有尚待解決的問題有：

三、身分證是全世界沒有的。

八、縣市長無人事權、財政權及警察權，這也是全世界所沒有，不賦予這些權限，談什麼自治？

十三、黨歌作國歌。

十四、軍中設黨部，到底是國軍或是黨軍。

十五、負擔防衛捐。

十六、公營事業有書店、米店、旅社等，無所不包，只有妓女戶、麵攤非屬公營事業而已。

二一、向日本人接收之國有財產、大戲院、大旅社歸黨有。

二六、總理遺囑改作國父遺囑，行政機關有典禮時都要恭讀。

　　其他省略者，都是已經修正，如戒嚴令、出版法、中央民代終身職、禁止罷工、一黨包辦選舉、國會無反對黨、黨費用國庫開支等等。以上八項請民進黨儘快修正。

作者簡介：

蔡憲崇，新北市淡水人，1951 年生。父蔡金元，母蔡洪嬌娥。學歷：淡水國小、成淵中學、建國中學、台北醫學院。曾任：家教、建築臨時工、代課老師、山地醫療義診醫師。十七歲、二十一歲、二十六歲為省議員候選人蔡洪嬌娥助選，二十七歲為康寧祥助選，二十九歲為立委候選人蔡洪嬌娥助選。三十歲競選省議員以三萬三千票落選。後曾任民進黨中常委。著作有：《山地醫療面面觀》、《望春風－台灣民主運動人物奮鬥史》、《台灣經濟的回顧與展望》、《三十年風水－地方自治史上的台北縣》、《鑼聲若響－台灣島上的反對黨》等。

《談景美軍法看守所》

謝聰敏著　（美）大橋出版社　1981 年 7 月初版

台灣警備總司令部 70.10.30. 隆徹字第 4446 號函

主旨：大橋出版社 Roger Hsieh 發行，梁山著作之《談景美軍法看守所第一集》一書，內容蓄意詆譭國家元首，惡意淆亂視聽，挑撥政府與人民情感，依法取締（查禁），並請扣押其出版物，請查照轉知、查照辦理。

說明：該社出版之《談景美軍法看守所第一集》一書，依法應予查禁，並扣押其出版物，函請清查報繳。

蔣介石當年以軍隊特務起家，經國繼承其衣缽，特務權力的無限滋長，爲情勢所必然。

　　「台灣的每一行業都有特務組織或控制。無論軍隊、行政機構、學校或工廠，都設置安全系統。幾乎每一個人背後都有負責的特務看住他。」

　　上級放手，下級樂得胡作非爲，於是公報私仇，無辜株連的冤魂冤獄，成千上萬。……

　　衛道者爲國民黨當局辯護，認爲下級枉作非爲，老小二蔣，並不知情。其實，這全是掩飾之詞，爲了維護政權於不墜，二蔣和一切獨裁統治者的心態，殊無二致，只要在「人人爲我」的前提下，法律除了有利己的工具作用，別無新意。

謝聰敏，《談景美軍法看守所》，自由
時代版，1986 年 2 月初版。

謝聰敏，《談景美軍法看守所》，前衛
版，2007 年三版。

最明顯的事實是，有哪位特務分子，因非法侵犯人權而入獄治罪的？

江南（劉宜良）本書附錄四〈台灣的煉獄〉

《談景美軍法看守所》是謝聰敏在八十年代流亡美國期間爲政治受難者出版的。筆名「梁山」，是取義水滸傳中的「梁山泊」，希望可以將社會上不同背景的人凝聚在一起。

《談景美軍法看守所》第一集是在美國出版的。初版刊行以後，被台灣警備總部列爲禁書。但是台灣出現兩種盜印本——一種來自鄭南榕的時代周刊社，一種來自許榮淑的深耕雜誌社。

謝聰敏於 1991 年授權李敖出版社在台灣出版修訂版（眞相叢書第 71 號）；目前市面通行的《談景美軍法看守所》（台灣文史叢書第 155 號），是謝聰敏經李敖同意，於 2007 年授權由前衛出版社發行第三種版本。

筆者在追尋本書大橋出版社首版時，經知情友人告知，才曉得大橋出版社是美國本書首版的出版社。問題是：國民黨政府有資格查禁在美國出版的書籍嗎？還是蔣家父子只爲一己之私，防堵反對意見或思想進入台灣，使其偏安島國呢？

鄭南榕版的《談景美軍法看守所》版權頁上列爲「自由時代系列叢書第 1 號」，「原著者：謝聰敏」，「發行人：鄭南榕」及發行所、電話、定價，至於出版登記證則根本不申請，後來在 1988 年 6 月 15 日以發行人胡慧玲取得「自

由時代出版社」登記證。〈出版前言〉簡單介紹謝聰敏曾於1964、1971年兩度遭國民黨逮捕入獄。離台赴日美旅遊，因美麗島事件爆發而暫留美國，在《美麗島週報》以「梁山」為筆名，開設〈談景美軍法看守所〉專欄，再結集出版《談景美軍法看守所》第一集，勇敢地揭露國民黨殘害政治犯的血腥罪行，被推崇為台灣版的《古拉格群島》。他以其平實筆法，記錄了他的親身經歷及獄中所見所聞，對國民黨在軍事監獄中種種慘絕人寰、滅絕人性之罪行，用第一手資料，義正辭嚴地加以揭發，使人讀後為之義憤填膺，令人髮指。

　　本書除了公布幾件外界鮮為人知的政治案件之內幕外，最為珍貴的是公開國民黨特務機關互相傾軋、自相殘殺的

謝聰敏，《出外人看台灣政治》，1990年5月初版。

謝聰敏，《黑道治天下及其他》，1993年11月初版。

內鬥事件，其勾心鬥角、爾虞我詐的精彩過程，可與明朝的錦衣衛、東西廠時代互相媲美。遭到國民黨派黑道至美國槍殺的江南（劉宜良）曾在香港《七十年代》月刊（後改名《九十年代》）第 145 期撰文〈台灣的煉獄—評《談景美看守所》〉推薦本書（見前衛版附錄四）。

作者為我們敘述他實際經歷或從獄友手中取得的第一手資料，為我們翔實的紀錄下國民黨政府是如何殘酷、不人道的對付自己的人民，這種「殺無赦」的行為，只是要為蔣家父子的專制獨裁政權尋找塊喘息的地方。書中登場的知名人物依姓氏筆劃順，從于右任到蘇東啟，共有 105 人之多。

以「匪諜」治罪的前調查局第一處副處長李世傑為例：李世傑，1918 年生於廈門，1939 年加入國民黨，曾任廈門中央日報總編輯。1949 年來台，1951 年被調查局長季源溥延攬至該局，後調專門委員會委員兼第一科科長。任內主持對海外集團之間諜戰，先後瓦解香港李璜、左舜生、張君勱、張發奎等人之第三勢力與日本廖文毅之台獨組織，迫使李璜、廖文毅先後返台歸降國民黨。1966 年 1 月 31 日晚上，李世傑還是蔣經國代表蔣介石邀宴有功人員的第四度座上嘉賓。九天後的 2 月 9 日，在蔣經國批准下，由調查局長沈之岳以「匪諜」罪名逮捕下獄，兩度被判處死刑，1975 年 5 月始以無期徒刑定讞。1986 年 2 月以重病獲得假釋，共計被關押二十年之久。

獄中難友李敖深知他博聞強記，筆鋒又健，聽說他出獄，亟思鼓動他寫出幾十年來的種種見聞，以存信史。同

年 6 月 25 日，透過陳菊得知其電話而取得聯絡。李敖於五天後親訪李世傑，說動他展開大寫作計劃。同年 9 月 30 日，他的大作開始出現在《萬歲評論》34~40 期與《千秋評論》67 期~109 期，1990 年 7 月 29 日傍晚猝死，享年七十二歲。李敖出版社出版其作品有《調查局研究》、《調查局黑牢 345 天》上下二冊、《軍法看守所九年》上中下三冊，

李世傑，《調查局研究》，1988 年 10 月 5 日初版。

自由時代出版社幫他出版《大統領廖文毅投降始末》一冊，敦理出版社有《特務打選戰》一冊，殘稿是由《千秋評論》連載十七回的〈火燒島十載風霜〉。眞該謝謝李敖的識人之明與李世傑勤奮不懈，在短短不到的四年內，爲我們留下八本重要的台灣史料。

吳達（謝聰敏的筆名）在本書附錄一〈他們爲什麼「呑呑吐吐」？〉點出癥結之所在：

蔣經國是以特務奪權，特務機關是他精心設計的人間地獄，蔣介石的文臣武將已經被蔣經國的特務閹割，他們不敢說話，只能等待蔣經國的死亡。政治犯囚禁在黑獄之中，他們的呻吟已經消失在黑獄之中，我們聽不到他們的聲音。

軍事審判的目的，就在維持軍隊的紀律，不在主持正義。……由軍事法庭判決平民的政治案件，就在維持統治者的地位，既沒有正義，也沒有公平。國民黨讓特務機關移送沒有正義和公平的軍事法庭審判，實際上就是謀殺行爲—一種較爲技巧的謀殺。

　　一個人落在特務的手裡，特務先是威脅利誘，逼迫他虛構犯罪故事，陷害其他共同被告。一旦虛構的故事完成，他的人格已被扭曲，特務就要防止他自殺或翻供，使他求生不得，求死不能。

　　美麗島雜誌既無「顛覆政府步驟」也沒有「奪權計畫」；高雄事件的策劃者則爲蔣經國所委託的前調查局長沈之岳，不是美麗島雜誌社。

　　如果你還未看過本書，找個時間買一本讀一下，應該會有新的體驗—對你的未來人生有所助益。

作者簡介：

謝聰敏，1934 年生，彰化二林人。台大法律系畢、政大政治研究所碩士。1964 年與彭明敏、魏廷朝共同發表〈台灣人民自救宣言〉，宣言未及發送就被扣押判刑。1969 年出獄不到兩年，又被誣陷涉及花旗銀行爆炸案再度入獄。兩次被國民黨政府關押十一年六個月。解嚴後曾當選第二、三屆立委。民進黨執政後，陳水扁總統聘為國策顧問。後曾專心追蹤拉法葉案來龍去脈。2019 年 9 月 8 日因病去世，享年 85 歲。著作除本書外，有《出外人談台灣政治》（1991）、《黑道治天下》（1995）、《誰動搖國本—剖析尹清楓與拉法葉弊案盲點》（2001）及《台灣自救宣言—謝聰敏先生訪談錄》等書。

《寧爲黨外》

林正杰著　自印　1981 年 10 月出版

台灣警備總司令部 70.11.03. 隆徹字第 4486 號函

主旨：《寧爲黨外》一書，内容淆亂視聽、挑撥政府與
人民情感，依法取締，併扣押其出版物，請查照
轉知、查照辦理。

說明：林正杰著《寧爲黨外》一書，（三十二開本，平
裝一冊，二九九頁，發行人：林正杰，台北市和
平東路三段二二九號四樓），内容歪曲事實，分
化團結，淆亂視聽、挑撥政府與人民情感，足以
影響民心士氣，依照〈台灣地區戒嚴時期出版物
管制辦法〉第三條第六、第七款及同法第八條之
規定，予以查禁，並扣押其出版物，函請清查報
繳。

假如要過的是中共那種生活方式的話，我想大多數的人，連我自己在內，都不願意，由大陸的中共來統一台灣我是絕對不贊成的。另外，對台獨和中國問題的看法，我想是有步驟可以解決的，也可以有許多類型的方案。譬如：新加坡模式、德國模式、或是一個邦聯式的由華人各個政治單元的鬆散組合。

　　　　　林正杰 本書〈民主・反對黨・黨外・台灣前途〉

　　知道正杰的大名是從閱讀《選舉萬歲》開始，因為書本在印刷裝訂過程中，即被警備總部會同警方在裝訂廠查扣，只有少數孤本流出市面，價格由九十元飆漲至一千元，而且還要是熟客才買得到。我很幸運地由翁天培老闆手上買到《選舉萬歲》。1978 年的中央民代增額選競選期間，《選舉萬歲》的盜版以每本三百元價格充斥在黨外政見會書攤上，銷售量有幾萬本。

　　1980 年，我大學畢業，服補充兵役，年底前投入書報社服務工作，黨外正處於「美麗島事件」後的療傷期，康寧祥的《亞洲

林正杰，《寧為黨外》，自印，1981 年 10 月初版。

人》2 月創刊，只出兩期就被停刊一年；《暖流》於 8 月創刊，出版一期，即被停刊一年。8 月 21 日，黃天福的《鐘鼓樓》創刊號，在裝訂廠即被國民黨政府派軍警包圍強行搶走。王義雄的《海潮雜誌》（主編謝明達）於 10 月甫創刊，隨即被停刊一年。林正杰於 8 月退伍，年底的中央民意代表增額選舉，他幫「代夫出征」周清玉高票當選國大代表。同時，「黨外」立委席次由四席增加至十席（黃天福、張德銘、黃煌雄、許榮淑、黃余綉鸞、康寧祥、鄭余鎮、許哲男、蘇秋鎮及老委員費希平）。黨外元氣稍微恢復。

　　周清玉在林小魚的採訪中說：「後來發生美麗島事件，姚律師他們都被抓了，到了去年年底，林正杰退伍，來找我討論選舉的事，他那種樣子，我一直很難忘記，好像是長一輩的人不在了，他要負起長子的責任，挑起長子的擔。」（《政治家》半月刊第 13 期，1981 年 8 月 20 日出版）「黨外長子」的稱號，從此落在林正杰的肩上。

　　周清玉當選之後，林正杰結合林世煜、林濁水（黨外三林），由美麗島辯護律師鄭勝助擔任發行人，籌辦《進步》雜誌。1981 年 1 月 29 日，陳陽德關注黨外新生代動向的《大時代》雜誌被停刊一年。《八十年代》復刊，鄧維楨的《政治家》半月刊創刊。2 月底，鄭臨安創辦《縱橫》月刊，由兩位二十幾歲的新生代宋國誠、黃宗文負責編務。4 月 29 日，《進步》雜誌創刊號在裝訂廠遭到警備總部查扣，不准上市。（查扣文號：警總 70.04.18. 隆徹字第 1450 號）。《進步》雜誌同仁並不氣餒，隨即接辦《深耕》雜誌，繼續

選舉的遊戲規則
[選舉萬歲]作者 [進步雜誌]社長 林正杰／著

林正杰，《選舉的遊戲規則》，1981年10月1日

為台灣民主運動奉獻。

　　林正杰先向雜誌社請假一個月，趕寫碩士論文〈我國選舉罷免法的政策分析〉，6月中完成碩士論文，7月初通過口試，他告知朋友將投入11月的台北市議員選舉。碩士論文以《選舉的遊戲規則》正式出版上市。《寧為黨外》內容有「大家怎麼看林正杰」、「林正杰接受訪問」、「林正杰訪問學者及政治領袖」及「林正杰沒有被查禁的文章」四部分，分別來自《政治家》半月刊第5、12、13期；《縱橫》月刊第1、7期；《長橋》雜誌第6期；《時報雜誌》第74期；《這一代》月刊第14期；《深耕》雜誌第2期等。

　　「大家怎麼看林正杰」篇有：

　　許榮淑說：「從雷震、殷海光算起，在台灣外省籍黨外人士，都是『知識份子型』的人物。林正杰不但具有知識份子的氣質，還有群眾運動家的本能，這是台灣民主運動的幸運。」

　　呂亞力教授說：「林正杰雖然年紀不大，但是已有相當

豐富的政治經驗，有學識、有見識、有膽識，如果能夠選上市議員，也一定能夠做好『為民喉舌』的職責。」

林世煜說：「林正杰在政治圈裡，也有六年多，從學徒做起，發傳單、貼海報、搞宣傳、擬選戰策略，到運籌帷幄，從幕後搞、門外摸，也該到廟堂裡觀望了，對一個政治人物的成長而言，參加競選是很自然的事，何況林正杰是從『少棒』打起，歷經『青少棒』、『青棒』到現在也不能虛報歲數，他非打『成棒』不可了。」

「林正杰接受訪問」篇有：

問：那麼黨外民主運動究竟在追求什麼目標？

答：……台灣目前是過渡型的社會，國民的政治水準參差不齊。有些國民非常的理性，對自己的權利義務都很清楚，對公共事務也有足夠的興趣和認識，這些人稱為「公民」可以說當之無愧。另外有些國民，如「激情」的一些群眾，是「臣民」，他們盲目狂熱的崇拜政治權威，只要統治者有優良的駕馭技術，誰都可以統治他們。至於政黨、政府、國家這些觀念他們是分不清楚的，在他們的認知裡，這些是「三位一體」的。最落伍的一種國民，是屬於部落文化的「土民」，他們連「臣民」都算不上。在選舉的時候，五十塊錢，兩包味精就能收買他們。

黨外民主運動，就是要啟蒙「土民」，說服「臣民」，使他們都成為民主文化的「公民」。

「林正杰沒有被查禁的文章」篇，篇首表示：

所選的文章，都是林正杰所寫，同時又通過嚴厲的新聞檢查之下的「殘餘份子」。一些比較痛快的文章，像〈誰忠於誰〉、〈言論自由試析〉、〈元寶共和國〉……等，有心的讀者可以在舊雜誌—特別是查禁過的雜誌之中找到。發表在《這一代》雜誌（1978 年 2 月 15 日）之中的〈選舉萬歲〉一文，他說：

分析桃園選戰我們可以發現，一場公平、公正、公開的選舉，對民主學步的國家，實在是極為難得的經驗，對民主理想的實現，實在有推波助瀾的作用。因為：

選舉是人才的試金石。

選舉是對政府最有利的鞭策。

選舉是最好的民主教育。

選舉可以訓練政治人才。

選舉可以澄清吏治。

選舉可以治療疏離感。

選舉可以使官吏成為真正的公僕。

三十多年之後，中共所帶領的中國已經成為世界強權國家之一，但是台灣的民主也進步神速，請你試著問問自己，你是希望自己生活在民主自由的國家？還是活在中共那種獨裁專制的國家？

作者簡介：

林正杰，福建人，1952 年生，政大公行所碩士。
1975 年起幫助多位黨外競選公職。曾任《這一代》、
《富堡之聲》編輯，《進步》及《深耕》雜誌社長。
1978 年與張富忠合著《選舉萬歲》一書，在裝訂時
被查扣。1981 年當選台北市議員，1983 年創辦《前
進》系列週刊，參與籌設「黨外作家編輯聯誼會」。
1984 年擔任「黨外公職人員公共政策研究會」秘書
長。1986 年 9 月遭國民黨以「誹謗罪」名義判處一
年半徒刑，他以「向市民告別」巡迴台灣各地演講及
遊行，抨擊國民黨的政治迫害。1988 年擔任民進黨
中常委。1989 年當選立委，1991 年 6 月退出民進
黨，1992 年二度當選立委，1995 年三度參選卻不幸
敗北。後與張安樂（白狼）成立「中華統一促進黨」，
並擔任主席。

Chap 22

《捨我其誰 —— 桃園政壇選壇內幕》

余金來著　余長全發行　1981 年 11 月 5 日初版

台灣警備總司令部 70.11.06. 隆徽字第 4555 號函

主旨：《捨我其誰》一書，內容淆亂視聽，挑撥政府與
　　　人民情感，依法取締，並扣押其出版物，請查照
　　　轉知、查照辦理。

說明：余金來著《捨我其誰》一書（二十四開本、平裝
　　　一冊、二二二頁，發行者：余長全），內容歪曲
　　　事實，分化團結，淆亂視聽，挑撥政府與人民情
　　　感，足以影響民心士氣與危害社會治安，依法應
　　　予查禁，並扣押其出版物，函請清查報繳。

從記者生活中，他體會到我們的社會有很多的黑暗面，叫人忿忿不平，在政治方面他又大膽而深入的參與，他發現更多的不平，這本書主要的是基於他個人對公道的執著與嫉惡如仇的道德勇氣將社會及政治的黑暗面及不平面作最露骨的揭發，我們希望這本書能達到某種程度的制衡力量。

「捨我其誰」雖然有點高傲自大，但假如你了解社會與政治的黑暗面，而本身又是一條充滿勇氣的血性漢子，你也會發出「捨我其誰」的怒吼，我們希望余金來先生不要沉默，勇敢地站出來，吼出我們的心聲。

余長全 本書序文〈不應沉默的新生代〉

國民黨反攻大陸的速度如果有像查禁《捨我其誰》一書的幹勁，那該有多好呢？11月5日出版，翌日即查禁，公務員如此「盡忠職守」，如此摧殘言論自由，是可喜？抑或可悲？一位二十八歲的年輕記者，因工作而採訪桃園縣府會之間，長期地觀察與紀錄，進而為文評論，表達其對地方之意見，但當局卻視之如寇讎，一天之內，將其作品以「歪曲事實，分化團結」，予以扣

余金來，《捨我其誰》，自印，1981年11月5日。

押，這是國民黨政府的德政嗎？

本書內容除余長全序文〈不應沉默的新生代〉之外，分為：

一、放眼選壇 捨我其誰

作者採用一問一答的方式，表明自己參選的意願，以及他為台灣民主運動奉獻的決心。

問：參與競選省議員的動機是什麼？

答：在過去幾年裡，因為我從事記者與編輯的工作，使我比一般人更有機會看到我們社會許多不公平不合理，和令人痛心疾首的現象，而這些幾乎完全是人為因素。這些人為因素一直無法有效的改革，最主要原因，亦是政治無法上軌道所致，所以我認為要解決這些因素，最有效而又便捷的途徑，就是要實際參政，就必須參加競選。

問：這本書，有幾個部分談到桃園縣長和新女性主義的呂秀蓮，有些人認為這是個禁忌問題，為何你要把它寫出來？

答：這本書主要是我近年來當記者及為人助選的一些回憶與過去在報上見過報的資料，我認為這沒什麼應該不算禁忌才對，不然的話，桃園縣長未被休職前所發給縣民的工商執照上蓋的許信良三個字，是否也要因他受政府通緝，而要全部收回燒燬，其實桃園縣長和呂秀蓮未觸法前，也有值得表揚傳頌的地方，就像一位犯人一樣，你也不能抹煞他過去所做過的好事。

二、折筆問政 心路歷程

　　敘述作者 1976 年底從軍中退伍，返桃園投入記者行列，因而目睹「中壢事件」的經過，加上許信良一入主縣長寶座，國民黨則利用縣議會的多數干擾縣政運作經緯；作者亦談及其為黨外助選的心路歷程，最後辭去記者工作，與友人創辦地方報紙型的《星期週刊》、專門報導桃園事務，後又因黨國關切、施壓而不得不走上關門的命運。

三、議會政治 民主制衡

　　作者記錄他所採訪的許信良就任桃園縣長之後，因設立「立辦中心」及「縣府新大樓發包案」，國民黨利用黨籍議員大肆鬥法的精彩過程。後來再以許縣長假日南下觀摩選舉及余登發父子遭「匪諜案」關押，因而南下聲援曠職一天為由，國民黨籍議員展開批鬥的實錄。

四、記者生涯 痛苦掙扎

　　作者探討當時黨國一體下的不正常狀態，雖是少數記者「為非作歹」、「騙吃騙喝」，但是給社會留下一些不良的印象，已經根深蒂固。記者心態如不改善，將很難使「劣幣驅逐良幣」的現象能夠有所改變。

五、桃園選戰 出奇制勝

　　作者把他 1978 年 12 月 7 日~12 月 14 日，幫助呂秀蓮參與桃園縣國大代表競選期間的日記公開，從中可以看到當

時選戰的激烈，加上各家策略運用和合縱連橫的經過，可惜的是因爲「美中建交」，引發蔣經國的恐慌而叫停，遂使這場選戰成爲「沒有結果的戰爭」。

　　11 月 14 日晚上，開票結果，余金來落選，但是，這美好的一仗，他眞心誠意地打過了！

作者簡介：
余金來，又名余為公，桃園人。1981 年時，以二十八歲初犢之姿，由一位記者躍身於激烈凶險的政壇，更目睹桃園黨內外激烈的選戰，挺身而出且不顧個人安危，高舉黨外旗幟投入省議員選舉，雖敗猶榮。

《陳文成教授紀念專集》

紀念專集編委會 （美國）自印 1982 年 7 月 2 日

書　　名／陳文成教授紀念專集
作　　者／編輯委員會
出 版 者／自印
出版日期／71.07.02.
開　　數／16 開
頁　　數／239 頁
查禁機關／警備總部
查禁日期／71.10.13.
查禁字號／隆徹字第 3867、3868 號
查禁原因／第三條第六、七款

國民黨在中國大陸執政時，固然也曾有大學名教授被謀殺，不過那畢竟距離我們這一代，有一段時間了；林義雄的母親及雙生女兒也在不久前才被謀殺，不過那還距我們有一段距離。可是陳文成，是我們的同學，是我們的鄰居，是跟我們住在一塊兒的同鄉，有很多事情，還是我們跟他一起做過的。他的死，是多麼地逼近我們。因此一股恐懼感免不了很自然地籠罩在很多同鄉的心中。

　　可是，那一股恐懼感並沒有鎮嚇住台灣同鄉。他們沒有逃避，也沒有躲藏，反而抑制了一時的恐懼，紛紛舉行追悼會、遊行示威；在校園張貼海報，聲討暴行；並且肯定陳文成為台灣人而犧牲生命的意義。

　　陳文成的死，已經為我們的苦難付出代價，請讓我們深深記住他的理想，讓我們共同立下誓言：

　　　我們要深愛苦難的台灣，

　　　要為它的民主與自由而奮鬥，

　　　要使孩子們可以無憂的成長，

　　　使普天下的家庭永遠快樂安詳。

　　　　　　　　　《陳文成教授紀念專集》編輯委員會於

　　　　　　　　　1982 年 7 月 2 日陳文成遇害一週年

　　《博觀》雜誌第三期（1982 年 11 月號）「還我言論自由」專號，第 15 頁刊登一則消息：

　　〈又見扣書！─警總查扣《陳文成教授紀念專輯》〉

深耕編輯部，《陳文成博士紀念集》，平裝本／精裝本，1982 年 7 月初版。

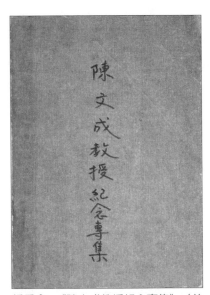

編委會，《陳文成教授紀念專集》（美國版），1982 年 7 月 2 日初版。

又見扣書！（博觀雜誌第 3 期第 15 頁）

警總十月二十九日和十一月十一日分別在台北和高雄查扣了《陳文成教授紀念專輯》共五百本。

　　陳庭茂印行這本是爲了籌募「陳文成教授獎學金基金」。陳文成慘死之後，陳庭茂老先生強忍老來喪子的悲痛，迤著蹣跚步伐，南北奔波，到處義賣《陳文成教授紀念專輯》。他說：「只要獎學金基金能夠成立，我就覺得阿成在我身邊。」

　　迄今爲止，陳庭茂和其家人，都沒有收到警總或有關單位查禁該書的公文，對於這突如其來的查扣，陳老先生已向警總提出強烈的抗議，並將於近日內與律師協商，準備提出救濟程序。

　　筆者手中擁有這本《陳文成教授紀念專集》是 1982 年底，到許榮淑立委（《深耕》發行人）台中服務處借調《深耕》雜誌到書店銷售，服務處的熟識志工，告知有這本在美國出版的紀念集，因爲警總查扣嚴重，所以要賣到一千元一本，我當即買下，一則可以了解國外對陳教授無辜死亡的反應；二則可以保存一分史料（本書長 24.6 公分 × 寬 17.4 公分，厚 2.3 公分）。會這麼厚，是因爲當時用 B4 紙拷貝一面再對折，使得厚度增加一倍。封面用一般綠色封面紙包裝，書背及封面文字是筆者自己書寫的。

　　我查找各種資料，終於在警總《查禁圖書目錄》民國七十一年元月版裡，發現查禁緣由。

　　本書除編委會序文及陳夫人素貞〈永記我心〉與〈陳文成小傳〉外，分別有：

（一）**家人的懷念**：包括陳素貞的〈祭夫文〉、〈公開聲明書〉及〈談陳文成事件〉三篇，陳庭茂的〈阿成我的兒子〉、〈陳文成事件的回憶〉，陳文華的〈哀憶四哥〉等文。

（二）**祭英魂**：來自美國各地同鄉會的追悼會、對國民黨政府的遊行示威、參議員愛德華・甘迺迪及眾議員索拉茲的追悼電文、卡內基美隆大學校長塞爾特追悼詞，加上美麗島週報、台灣公論報及亞洲商報等等報導。

（三）**命案的報導與評論**：包括華盛頓郵報、匹茲堡日報、紐約時報、新聞週刊和美國各地地方報亦紛紛報導；專欄作家傑克・安德森在《華盛頓郵報》使用〈國務院開始調查台灣的間諜〉標題，要求美國政府提出解決方案。同時也簡介美國輿論對陳文成案的反應，將之分為 1. 匹茲堡地區，從 1981 年 7 月 7 日至 1982 年 1 月 19 日共有 65 篇報導。2. 安雅堡地區，從 1981 年 7 月 9 日至 11 月 6 日共有 38 篇報導。3. 其他地區，從 1981 年 7 月 9 日至 1982 年 5 月 17 日共有 65 篇報導，總共有 168 篇，這是編委會收集到的，並不代表全部的相關報導。

（四）**鄉友的懷念與怒言**：包括署名「你的朋友」撰寫的〈匹茲堡同鄉們收到的一封無具名的信〉，他並鄭重呼籲：「我們能做什麼？至少你我可以寫信給雷根總統，海格國務卿以及其他國會議員，在信中請申述，國民黨暴政統治，違反人權的事實，促請美國降低與國民黨

的關係，禁售台灣武器，除非國民黨尊重法治，維護人權。」另外，蔣建台（蔣字顛倒了）在〈你、我、還是「它」？〉一文中，清楚告訴我們：「以特務為本質的蔣家『政權』，表現於國際外交上是以迂腐、斷交聞名；表現於內政，卻以殘殺而震撼全球。歷史告訴我們：謀殺是這個『政權』的傳統。」等十三篇。

（五）**國會聽證**：1981 年 7 月 30 日，美國眾議院外交委員會亞太小組，舉行陳文成命案第一次聽證會，由該小組主席索拉茲主持。蔡正隆、陳唐山、塞爾特校長及美眾議員李奇四位應邀出席作證。同年 10 月 6 日，美國眾議院外交委員會亞太小組與人權小組舉行陳文成命案第二次聽證會。陳素貞應邀出席作證。他們五位的證詞均收錄在本書。

（六）**給素貞**：收錄某城同鄉會十二位同鄉向陳文成致敬及安慰陳素貞的慰問信函；北美台灣人教授協會全體會員及台灣基金會安慰電文；加上淑玲、那惠、陳美美、方欣等好友的慰問信。

（七）**陳文成的著作**：收錄陳文成 1981 年 5 月 21 日校訂的學術論文首頁、主編安雅堡台灣同鄉會會刊《鄉訊》編者的話、編者附言、用筆名曉帆寫的〈徬徨〉散文、一封給友人未完成的信影本，陳文成學術著作論文集篇名。

（八）**永久紀念**：包括陳文成教授基金會的公開信、紀念基金會謝函、陳文成教授紀念基金會公告等文章。最後，

編輯委員林田、甘子、李樸、石林、許杰以〈編者的話〉結束本書。

　　台灣版的《陳文成博士紀念集》也同時在台灣出版，檢視兩書內容，除陳庭茂〈阿成我的兒子〉及〈陳文成事件的回憶〉和陳文華〈哀憶四哥〉三篇文章相同之外，其他如〈陳文成博士家書〉、師友的追憶、立委費希平、紀政、張德銘、許榮淑等向行政院各相關部會的質詢，黨外雜誌《八十年代》、《亞洲人》、《政治家》等刊物，也提出看法及翻譯案件相關外電，陳文成執教的美倫大學校長塞爾特校長致蔣經國函及陳庭茂致蔣經國陳情書等。相互參閱兩書，對陳博士的命案可以更清楚誰才是凶手？何以經過將近四十年，還未找到凶手？祈求早日破案！

編者介紹：
林田、甘子、李樸、石林、許傑等五位編者都是陳文成好友。

《七十年代論戰柏楊》

藍玉鋼編　四季出版公司　1982 年 8 月 1 日初版

台灣警備總司令部 71.12.16. 隆徹字第 4742 號函

主旨：《七十年代論戰柏楊》一書，內容不妥，依法查禁，
　　　請查照轉知、查照辦理。

說明：由台北市新生南路四季出版公司出版、發行，藍
　　　玉鋼編著之《七十年代論戰柏楊》一書，內容嚴
　　　重淆亂視聽，挑撥政府與人民情感，依照〈台灣
　　　地區戒嚴時期出版物管制辦法〉第二、三條及同
　　　法第八條之規定，予以查禁，函請清查報繳。

香港《七十年代雜誌》曾於 1973、74，兩年之間（柏楊仍在牢獄之中），集中篇幅，參加這項討論。我們認為這一系列的討論，十分重要，尤其站在反擊立場的則師先生等人的表現，最堪注意。那時，正當四人幫鼎盛之時，也是中國醬缸文化最腐爛之時，利用大多數中國人只會情緒反應的缺點，捏造隱私和攻擊隱私，把對象鬥臭，以達到混淆是非的

藍玉鋼編，《七十年代論戰柏楊》，四季出版，1982 年 8 月 1 日初版。

目的，是一種最流行的手段。我們把該雜誌這一系列的文章，收集成冊，主要的是，柏楊先生並未「蓋棺」，他出獄後的言行，可驗證這一系列文章的判斷。使我們感覺到，讚譽不能使曲成直，詆毀不能使直變曲，大刑不能使鹿為馬。這一系列文章，不僅反應柏楊之獄，衝擊了這一代知識份子的良心，也代表這個時代—振翅掙扎，擺脫醬缸時複雜的社會層面和知識份子的鑑定。

藍玉鋼《七十年代論戰柏楊》前言

按管制辦法條文第二條：匪酋，匪幹之作品或譯著及匪僑之出版物一律查禁。因為香港《七十年代》雜誌總編輯李

怡，在當時國民黨的分類是「匪」。又依其說明是違反第三條第六款淆亂視聽及第七款挑撥政府與人民情感，因而查禁。

先說其人：柏楊，1920 年生，河南輝縣人。父郭學忠，母魏氏。25 歲改名郭衣洞，27 歲東北大學畢業，赴瀋陽任《東北青年日報》社長兼私立遼東學院副教授。1949年隨國民黨轉進台灣。其後在鹿港、屏東、台南、草屯、樹林等地擔任教師。1955 年任中國青年反共救國團總團部副組長，翌年任成大副教授。1957 年任《自立晚報》副總編輯。1960 年，以筆名柏楊開始在《自立晚報》開立〈倚夢閒話〉專欄，為撰寫雜文之始。1962 年在《公論報》開設〈西窗隨筆〉專欄；7 月出版《玉雕集》；12 月，出版《怪馬集》。1963 年，整年出版六本雜文，分別是 1 月《堡壘集》、4 月《聖人集》、8 月《鳳凰集》、9 月《高山滾鼓集》、10 月《道貌岸然集》、12 月《紅袖集》。1964 年，2 月出版《前仰後合集》；10 月出版《神魂顛倒集》，外加小說《怒航》。1965 年出版五本雜文集：1 月《鬼話連篇集》、3 月《大愚若智集》、6 月《聞過則怒集》、8 月《立正集》、12 月《越幫越忙集》，外加小說《秘密》、《雲遊記》。1966 年 4 月出版《心血來潮集》。1967 年，3 月《蛇腰集》、6 月《剝皮集》、9 月《死不認錯集》出版。1968年，1 月出版《牽腸掛肚集》。3 月，即因大力水手漫畫事件，遭到調查局逮捕，以死刑起訴。翌年，以「叛亂罪」判處十二年徒刑。當本書作者群忙著在香港《七十年代》雜

誌搖筆桿辯論的同時，柏楊正在火燒島的國防部感訓監獄
服刑。直到 1976 年 3 月 7 日刑期屆滿出獄，卻被國民黨軟
禁，在國際聲援的壓力下，才在 1977 年 4 月 1 日獲釋。

姚立民的〈評介向傳統挑戰的柏楊〉發表於《七十年
代》第 46 及 47 期（1973 年 11 月及 12 月號）。姚以柏楊之雜
文爲主，認爲柏楊對於世事、人情是既洞明又練達，這不是
從書本學來，而是來自豐富的人生體驗，以及敏銳的觀察力
和感受力。他的雜文很多新名詞，有些一看即知，不用解
釋，如官崽、西崽、聖崽、八字開（衙門）學、皮條學等。
有些需要解釋一下，如三作牌是指警察（因爲台灣警察當局自
封爲作之君、作之親、作之師也）。二抓牌指一抓權、二抓錢之
特殊份子也。一臉忠貞學、聽話學、難得糊塗學則指請示爲
忠貞之本，挨罵爲升官之本，負責爲垮台之本。頂缸學指不
敢開罪權貴，或不敢面對現實，只好找個次級的人物來頂
缸，或找冥冥中的神鬼來頂缸。

姚立民以爲柏楊提出「醬缸」觀念來向中國傳統挑戰。
柏楊說：

　　夫醬缸者，腐蝕力和凝固力極強的混沌社會也，也就是
一種被奴才政治、畸形道德、個體人生觀，和勢利眼主義掌
期斲喪，使人類特有的靈性僵化和泯滅的混沌社會也。

　　醬缸的產品之一，是對權勢的崇拜狂。其結果是缺乏敢
想、敢講、敢做的靈性，一定產生奴才政治和畸形道德。沒

周裕耕（Jurgen Ritter），《醬缸—柏楊文化批判》，林白出版，1989 年 1 月 5 日初版。

有是非標準，只有和是非根本不相干的功利標準。只有富貴功名才是正路，大家都削尖了頭，拚命往官場裡去鑽，只要給我官做，叫我幹啥都成。

醬缸產品之二，是自私與不合作。儒家原則上只提倡個體主義而不提倡群體主義；其最高境界只有：一是「明哲保身」、「識時務者為俊傑」，鼓勵人民向社會抵抗力最弱的地方去走。二是「行仁政」，祈求當權派手下留情，在壓迫人民時壓得輕一點。

醬缸產品之三，是淡漠、冷酷、猜忌、殘忍。就因為處處淡漠、冷酷，用正常的腳步，寸步難行，特權現象乃油然而生。猜忌則與官位的大小成正比，皇帝猜忌臣下，官員猜忌同僚，小民猜忌朋友，上下交猜忌。至於殘忍，則有宦官、女人纏足及刑求，這些殘忍行徑，真是中國人的莫大恥辱。

醬缸產品之四，是文字詐欺，此乃是來自對權勢的崇拜。因而中國歷史學家沒有原則，沒有是非，只有功利，成者為王，敗者為寇。

醬缸產品之五，是對僵屍的迷戀和膚淺虛驕。孔丘用「托古改制」，使「古」與「祖先」合而爲一，這是降臨在中國頭上最早的災禍。對僵屍迷戀的第一個現象是：「古時候啥都有」；第二個現象更糟：「古時候啥都好」。

則師的〈我對柏楊的不同看法—「評介向傳統挑戰的柏楊」讀後感〉刊登於《七十年代》第 48 期（1974 年 1 月號），認爲柏楊只是美國包可華專門撰寫幽默文章之流的人物，與魯迅相比，柏楊的文章給人的印象，往往是一幅漫畫，或茶餘飯後談笑的資料。柏楊在台灣人的心目中，也只是一個台式的中國包可華而已。他的能力在製造三作牌、頂缸學、醬缸的範圍內；他將社會的腐化指出來滑稽一番，眞正對一個社會的作用，只是做到痛罵。柏楊的本領是在報紙和道聽塗說上下功夫，然後加以柏楊式的傳播公諸讀者。他嚴肅地說：我們花錢去買柏楊的書，眞正的意義不是鼓勵他的滑稽，而是贊助他那種勇於向惡現象挑戰的心態和正義感。因此，他以爲柏楊只是一個虎頭蛇尾的擺龍門大王，和滑稽又尖酸的書生。我們不能因現實社會之不盡理想而將它罵臭。臭罵和罵臭是發洩和破壞，臭罵傳統者不是挑戰傳統。

姚立民以〈再論柏楊—兼答則師先生〉刊登於《七十年代》第 50 期（1974 年 3 月號），提出他在〈評介〉一文將柏楊與殷海光同比，基於四項標準：1. 同具有高度才華；2. 同具有不向權勢低頭的傲骨；3. 同向海內外青年散播了新思想的種子；4. 人生結局同爲悲劇。更反駁則師說：在今日的台灣，「大人先生」們正在提倡「文化復興」、大喊「崇

儒尊孔」裡；五四時代的眞精神，在現實政治的侵蝕之下，已經被人們遺忘了，柏楊在這種令人窒息的政治環境中敢於挺身而出，反抗傳統，此非「新思想」而何？姚立民指出中國人的思想一直被孔夫子、朱夫子們牽著走，而西方人自文藝復興以後，思想便完全解放了出來，兩相比較的結果，結論當然非常明顯。因此，他提出答案是：「中國的傳統文

柏楊，《醜陋的中國人》，林白出版，1985 年 12 月 5 日五版。

化有病，我們要多做自我反省的功夫，要勇敢地拋下歷史的包袱。」說來也挺有意思，你我抬了半天槓，到最後竟然發現我們原來是殊途同歸呢！

　　林啓邦在《七十年代》第 50 期刊登〈柏楊案件並非文學問題〉，認為：則師不譴責國民黨非法刑求，反倒深責柏楊沒有「死而後已」，不批評國民黨不人道，倒苛責柏楊的遭受迫害是「向權威低頭」，這是非常不公允的。則師故意要混亂事實問題與道德評價問題的區別，要把政治犯問題減輕爲文學問題，盡量地要與當權人物「認同」，這是他所不能同意的。

　　九位作者十三篇的文字筆戰，雖然炮火四射，難免有情

緒浮現，唯因是文字爭論，各家總提出對己有利之論點，用以反駁對方，而身為讀者的我們，尤宜持平靜之心，詳加閱讀，在思索之後，再以理智去判斷。這中間仍然有一處共同點是：**柏楊被關押是冤獄**。解嚴三十多年的今日，如何繼續擁有民主與自由，才是對付中共的最大武器。

編者簡介：
藍玉鋼，本書編輯者，餘不詳。

《魯迅評傳》

曹聚仁著　雙喜圖書出版社　1982 年 11 月初版

台灣警備總司令部 72.01.12. 隆徹字第 0138 號函

主旨：《魯迅評傳》一書，依法查禁，請查照轉知、查
　　　照辦理。

說明：

一、《魯迅評傳》一書（二十四開本，全書三五四頁，總經銷：
　　板橋市懷德街雙喜圖書出版社），內容不妥，依照〈台
　　灣地區戒嚴時期出版物管制辦法〉第二、三條第三
　　款及同法第八條之規定，予以查禁。

二、函請清查報繳。

曹聚仁，《魯迅評傳》，雙喜版，1982
年 11 月初版。

曹聚仁，《魯迅評傳》，天元版，1988
年 1 月初版。

目前所見的寫《魯迅
傳》的人，都是沒有見過魯
迅，不了解魯迅的人；而和
魯迅相熟，了解魯迅的人，
所寫的都是魯迅傳記史料，
並不是魯迅傳，這也可見魯
迅傳之不容易寫。不容易寫
的因由有二：一、魯迅本人
的言行，並不合乎士大夫的
範疇的，所以畫他的都不容
易像他。二、中共當局，要

曹聚仁，《魯迅評傳》，上海東方版，
1999 年 4 月初版。

把他當作高爾基來捧起來，因此，大家一動筆就阻礙很多，連許廣平也不敢說眞話。

曹聚仁 本書〈引言〉

　　按〈管制辦法〉第二條：匪酋，匪幹之作品或譯著及匪僞之出版物一律查禁。第三條第三款、爲共匪宣傳者。至於匪酋、匪幹指誰？魯迅？早於 1936 年逝世。曹聚仁？據說還來台灣會見蔣經國，爲國共兩黨的談判牽線。答案只能去問國民黨了。

　　1996 年，經由香港《開放雜誌》總編輯金鐘介紹，曹聚仁先生哲嗣景行兄（時任香港《亞洲週刊》副總編輯）來台辦事時，與我會面，相談甚歡。經過書信聯繫，《魯迅評傳》早在 1987 年授權蘇榮泉兄的天元出版社出版；我因而先取得《蔣經國論》的授權，於 1997 年出版，再到上海將新書及版稅一併交給聚仁先生女兒曹雷姐。

　　認識曹聚仁作品是學生時代逛舊書攤，經由外省老伯介紹而得知，遂一本一本的收購，享受讀禁書的樂趣。就因爲喜歡讀書，而得

曹聚仁，《蔣經國論》，香港聯合出版社。

以認識不少圖書界人士，更因大學畢業時，天培兄準備由書店擴大為中盤（地區經銷商），因而一頭栽進圖書圈快四十年。雖已近退休之齡，讀書還是一件很快樂的事。

我手上的《魯迅評傳》有三種版本，分別是：

一、雙喜圖書1982年11月初版，無序與後記，只編入二十七章，缺少第7章托尼學說及第8章《新青年》時代，製有精裝與平裝兩種版本。

二、天元出版社1988年1月初版，前有香港政論家寒山碧〈從《魯迅評傳》看曹聚仁〉的一篇代序，後有曹聚仁夫人鄧珂雲的〈重版後記〉，說明「天元版」是三種版本裡最完整的版本。1980年代後，中國雖然開始出版曹聚仁先生作品五、六種，但是《魯迅評傳》仍未出版。

三、上海東方出版中心1999年4月簡體字初版，前有陳漱渝（北京魯迅博物館副館長）的序：〈毋求備于一夫─讀曹著《魯迅評傳》〉。在〈出版說明〉內，卻表明：「除個別論述，徵得曹雷女士意見，做了必要的處理，其餘全部隻字未動。」優點是書中引用魯迅著作與書信文字，均一一查明出處，加入295個注釋。顯然一些不符合中共「標準」的文字已經被「修飾」或「刪除」。

曹聚仁在本書〈引言〉篇，一開始就回憶魯迅於1933年的一個冬夜，到他家吃晚餐，在談話中問了一句：「曹先生，你是不是準備材料替我寫傳記？」曹回答：「我知道我並不是一個適當的人，但是，我也有我的寫法。我想與其把你寫成一個『神』，不如寫成為一個『人』的好。」曹著

《魯迅評傳》的特色：反對神化魯迅。

　　因此，在曹聚仁眼中，作爲「人」的魯迅是什麼形象？他有哪些成就和侷限？魯迅在曹聚仁的筆下是一位認眞的人、有趣的人、方正廉潔的人、值得尊敬的人。魯迅受到現代思想洗禮、頭腦冷靜、獨立思考、不隨聲附和。魯迅觀察力強，對人間世態領悟透澈，對人性理解深刻，擅長心理分析，對黑暗勢力解剖細密。他的最大貢獻是解剖中國社會，是冷靜暴露中國社會黑暗面的思想家。他的風格有著紹興師爺的冷靜與精密，加上尼采的深邃。當然，魯迅也有其侷限的一面，他所接觸大致上在文化圈，多少也就影響他的視野及對中國社會的理解。

　　本書在體例、結構、文風上有其特色。從第一章到第十六章，基本按照魯迅生平活動的各階段爲主線，展現傳主魯迅的心路歷程及創作成績。第十七章到第二十八章，則從社會觀、政治觀、文學觀、人生觀等各方面介紹魯迅的思想，性格、社會關係及生活細節等，做到脈絡清晰，縱橫交錯，主次分明，突出重點，能夠多面向及立體化的令魯迅的形象躍然紙上。在每章之中，作者更將時代背景、魯迅自述、相關回憶、研究資料及作者本身感受融爲一體，確實做到了理論、史料及可讀性的統一。文風亦親切自然，文字活潑生動，是以平等態度跟讀者們進行文化交流，更沒有擺出大學問家的架子或教師匠的面孔。

　　曹聚仁的《魯迅評傳》只是「一本通俗的魯迅傳記，而不是一本專家的著述」。因而，要求本書對魯迅作品進行全

面性系統的解讀，對魯迅思想的一貫性和階段性進行深刻剴切的理論闡述，對魯迅文化遺產特色及其與中西文化的關係進行比較等等，那是不恰當的，這樣的要求已經超越本書所能負擔的學術負荷。

曹聚仁除了本書之外，與魯迅相關研究尚有 1937 年上海群眾圖書公司出版的史料匯編《魯迅手冊》，以及 1967 年香港三育圖書文具公司出版的《魯迅年譜》，提供有心的讀者參考。至於近年在中國出版的魯迅傳記，可向讀者推介的有：朱正的《魯迅傳》及林賢治的《人間魯迅》兩種。

魯迅的胞弟周作人對曹著《魯迅評傳》的評價，在他給曹聚仁回函說：「《魯迅評傳》，現在重讀一過，覺得很有興味，與一般的單調書不同，其中特見尤為不少，以談文藝觀及政治觀為尤佳，云其意見根本是『虛無主義』的，正是十分正確。因為遵著不當他是『神』看待，所以能夠如此。」

國民黨蔣介石政權因為中共捧魯迅，而將之貶斥為匪，只是展現其心胸之狹小，一本《圖書查禁目錄》及〈台灣地區戒嚴時期出版物管制辦法〉留下的是：國民黨治台數十年箝制言論自由的荒謬紀錄。反觀中共，時到如今，大眾傳播媒體都姓「黨」，對從魏京生、王丹等異議人士一律封殺關押，或令其流亡海外（方勵之、余杰等），2019 年更明目張膽在人大通過習近平五年一任期的國家主席，從此不用改選，可以幹到死的「開民主倒車」的荒唐行為。檢視國共兩黨，真是一對寶三寶貝！

作者簡介：

曹聚仁，1900 年生於浙江金華浦江縣小山村，1914
年到杭州浙江第一師範就讀。1921 年到上海，先教
書，從小學教到大學；再寫稿，刊登在《民國日報》、
《申報》、《立報》和《社會日報》上；後來和朋友
一起辦雜誌，取名《濤聲》、《芒種》等，也出版了
幾種書。雖然頗為他人所厭，卻不得不喊叫幾聲，便
得了「烏鴉」的別號。

1937 年抗戰一開始，他就穿起了軍裝，不教書而當
戰地記者，在東南前線奔波了八年。期間曾在贛南幫
著蔣經國辦了幾年《正氣日報》。1945 年回到上海，
還是教書、寫稿、出書、辦報（《前線日報》）。

1950 年時，在旁觀世局大變一年餘後，來到香港，
先入《星島日報》，後任新加坡《南洋商報》特派記
者，又與朋友合辦了《循環》、《正午》兩報，也為
《晶報》寫專欄文章。出版了《蔣經國論》、《蔣百
里評傳》、《魯迅評傳》等書。除了幾度回大陸短住，
大致以香港、澳門為生活中心，直到 1972 年在澳門
病逝。

尾聲

鎮壓與反抗

言論自由之可貴，不在人人能發表意見，不在人人有高明之意見，而在有意見者皆得發表也。

海耶克（自由主義思想家、諾貝爾經濟獎得主）

蔣家政權「未暴先鎮」的製造「美麗島事件」，再令「御用傳媒」對黨外人士抹黑指控爲「叛亂份子」及未審先判，並藉機大肆逮捕黨外人士，意圖一舉撲滅反對力量。但是在國際人權組織救援與美國國會議員聲援之下，蔣家政權不得不開放軍事大審，給予國內外媒體採訪。黨外精英在軍事法庭上義正辭嚴的陳述，加上媒體翔實的報導，反而成爲最佳民主教材。台灣人民在美麗島大審中了解黨外人士的主張及對台灣未來的憂心，進而引發共鳴而得以覺醒。

蔣家政權鷹派於 1980 年 2 月 28 日，再製造「林宅血案」，希望藉此恐嚇台灣人，達到殺雞儆猴的目的。然而台灣人並沒有因此而嚇破膽，反而將之與 1947 年的二二八連結，更加深反抗蔣家政權的決心。4 月 18 日，軍法大審的八位要犯：黃信介判刑十四年，施明德無期徒刑，姚嘉文等六位各被判刑十二年。6 月 2 日，司法審判部分：周平德、

邱茂男、王拓、魏廷朝各徒刑六年，楊青矗四年兩個月，邱垂貞、紀萬生、張富忠各徒刑四年等。再以隱匿施明德案，於 4 月 24 日逮捕高俊明牧師（後判刑七年）。6 月 12 日指控許信良為「叛亂嫌疑」。8 月，許信良在美國創辦《美麗島週報》。蔣家政權於 9 月 24 日一口氣以隆徹字 4099、4100 號查禁陳婉真、林義雄、姚嘉文及張俊宏的六本書；隨後在 11 月 10 日，以隆徹字 4807 號查禁許信良的《風雨之聲》、《當仁不讓》兩本書，連康寧祥的選舉文宣與八十年代出版社的三種書籍也遭查禁。

1981 年 5、6 月，四季出版公司被連續查禁三本書（《叛徒的告白》、《政治笑話集》、《等》）。7 月 2 日，警備總部約談陳文成博士，其後陳文成卻陳屍台大研究生圖書館外，而警備總部想以「畏罪自殺」結案，在國際上引發風波。李敖的《千秋評論》於 9 月 1 日創刊，10 月 21 日隨遭查禁。當年底的縣市長、省市議員選舉，蔡憲崇的《望春風》、林正杰的《寧為黨外》、余金來的《捨我其誰》都很快速地馬上查禁。在如此嚴峻的條件下，療傷止痛的黨外依然匍匐前進！

附錄一

訪談錄－我所看見的
「台灣政黨政治的發展過程」

日時：2016 年 11 月 5 日 10 時～ 12 時
場地：新北市・廖氏自宅

受訪者：廖爲民
訪問者：若林正丈、小笠原欣幸、岸川毅、松田康博、松本
　　　　充豐、佐藤幸人、田上智宜、家永眞幸、星純子
記錄：魏逸瑩

家永：我想介紹我們的訪問，我們團體研究的題目是「台灣
政黨政治的發展過程」。現在我們想了解一下，七○年代到
八○年代的黨外雜誌，台灣社會如何面對這個問題，出版黨
外雜誌的人們、紀錄有很多，但是黨外雜誌對台灣社會的影
響還有台灣一般人是如何接受黨外雜誌的研究還不夠，這是
我的感覺。請教一下當時的社會接受黨外雜誌的具體情況，
首先請問你認爲在七○年代到八○年代中期，是什麼樣的人
會購買黨外雜誌？另外，是否可以告訴我們黨外雜誌讀者分
布的社會階層還有地區的分布狀況呢？

廖為民：我想這個事情很簡單，基本上它的影響力並沒有那麼大。因為它可能就是只有……我知道的，有的只是印了八千本、一萬本。然後在這個中間，它在行銷的過程裡面會被查禁查扣。基本上，像我這種人是有一種使命感，所以我會大學畢業就直接到出版、書報社去工作就是……因為我在書裡面（指《我的黨外青春－黨外雜誌的故事》）也有寫道，因為有 discount，有折扣，然後一般人拿不到的，我可以拿到這個東西。所以基本上來講，我讀到的資料是，七〇年代在台灣有影響力，會看黨外雜誌大概五萬個到十萬個人而已呀！那如果以一千七百萬來講的話，它只不過……就很少啦！大概算是十萬，也差不多一百七十分之一，而且它的整個階層是偏重在中產階級。我相信這是沒有辦法否認的，你一個工人那時候一個月他才可能兩三千塊新台幣的薪水，然後這個書一本要二十塊、三十塊，他根本也買不起嘛！所以我會笑說我大概用了一半的薪水在留這個東西就是這樣子。

到了 1983 年林正杰《前進》周刊出來以後，一個禮拜有十一種。那時我每到禮拜四就很忙，因為忙著要配送以外，又要抱一堆雜誌回家，然後還要看。我是認為說，基本上美麗島事件的發生，那時候整個在審訊的過程，那個力量才大，報紙實際上就張俊宏講了什麼，黃信介講了什麼，施明德講了什麼，就條列式的下來，讓台灣的老百姓看到報紙，因為它的傳播力量比較大。這些人不是像國民黨講得那麼是盜啊賊之類的，所以美麗島事件的發生跟它的審訊，美

國壓迫國民黨一定要公開審判,整個造成台灣人民對黨外人士的觀感有一個很大的轉向。

家永:看黨外雜誌的人們,購買雜誌的時候,他們把黨外雜誌視作為「內容危險」或是「私下偷看」的刊物呢?還是他們可以隨意買、隨便看呢?

廖為民:當然他不可能是隨便看的。因為我大概多多少少也有提到就是像我在台中,我知道的就是,我們那時候一期可以發三千到五千冊,所以在台中四個重要的據點,每次送都是一百本以上,然而送去之後,它就必須要另外再加包裝紙,那時候那個房屋的銷售廣告喔,它就包那個,很有趣的就是這個⋯⋯這個是爵士樂,這是興大愛樂,因為跟他們也都很熟,有時候也會到那邊去聊天,他就摩托車擺在旁邊,一個報紙箱子裡面都是捲成一捲一捲的,外面就是印那個賣房子的單子。然後,他們說:「喂,老廖,那個爵士樂拿一本來!」我就知道,我就去,就箱子打開就看。那個興大愛樂的,就是這樣子來區分,而且基本上我相信人的心理很微妙,你越是禁,老百姓越是喜歡看。我想這個心理應該都是一樣,這人性的一部分嘛!你越是禁,實在講,像我大量的閱讀,有時候真的可以發現說,這一期也被禁的莫名其妙,那裡面可能某一篇,警總對這個人很不爽,他就禁了。我曾經跟他們台北下來的發行聊過,「喂,你們就弄一本,從社論開始都是誇獎國民黨的」,對不對?反正像《蓬萊島》每一期幾乎都禁的嘛!你就這一期不要罵他,就通通誇獎他,

然後讓他禁，你拿出來不是很好笑嗎？

小笠原：當時的一般讀者來說，當然是發行黨外雜誌的人來說是非常危險的，但是買這樣的雜誌來說，如果雜誌放在這個家裡，也算是危險的情況嗎？

廖為民：不會。除非，像我家裡那麼多也沒有人去查過。當初美麗島事件的時候，我這些《美麗島》雜誌都是原版的啊！知道我們雲林就有位立法委員，他那個時候好像就是雲林地區的經銷吧！他就趕快燒啊，我那個時候就很坦然，因為我也知道他們的法律程序，你只要不交易，你不能買賣，那你放在家裡沒有犯法，如果按照法律上來講的話，你交易，警備總部可以取締你，但是如果你只是放在家裡，這個我自己的，他對你也沒辦法。他了不起就是，你這個是禁的，所以我收了。

若林：我記得，我不太記得是什麼時候，好像解嚴前後，我在台南坐火車，跟成大的老師一起上火車，那我忘記在哪裡買的一本黨外雜誌，在車廂裡面看，那我想要上廁所，我放在這，這樣子放。那時候，那個成大老師說：「你不要這樣，先放在皮包裡面。」這種現象你可以理解嗎？還是……。

廖為民：我可以理解。可能就是成大的老師也怕你是外國人，你可能在這邊也不了解台灣的法律，而且你時間上也比較有限，所以對他來講也是比較省掉麻煩，如果你跟警察在 argue 這個雜誌，要帶回去，他可能就要陪你去警察局去做

筆錄之類的，這會浪費你的時間。

若林：是，不找麻煩。

廖為民：對。

家永：對出版社或是流通當時來說，那個訂戶或贈書對象名單的管理是比較敏感的問題嗎？

廖為民：是，比較敏感。就是怕國民黨找你麻煩囉！所以變成大家都是零售的。零售部分就是你可能就在你家附近的書店，你買的很熟了，這本查禁了，書店老闆把它收起來，你來的話，他就知道你要什麼，他敢賣給你。一般來講就是，黨外雜誌，你說像老康，他後來《台灣政論》有三千個訂戶，那個大部分都是在海外！

若林：我是訂閱過《八十年代》那個系列，還有《前進》系列，都是無疾而終啊！什麼時候就不來了。

廖為民：被查禁的話，有時候就在郵局。因為郵局裡面也有警備總部的人在，所以他就查扣了。

若林：對，那時候我還記得 1980、83 年來台灣蒐集一些資料和書，到郵局郵寄包裹，他們不接受你已經包好的包裹，一定要不包的那個東西讓郵局的人看，那郵局的人也不處理，把我的書帶到後面一個不知道什麼地方，然後就說：「可以」。

廖為民：那個是警備總部派駐在郵局的人員來審查。

若林：警備總部在後面喔。

廖為民：對。

魏逸瑩：不好意思，他剛剛問的，您說都是用零售的方式，那零售的店面怎麼選擇？

廖為民：就是一般書店及書攤。

魏逸瑩：一般書店都可以？

松田：坊間都有，都是一般的書店，都有放。

廖為民：都有，但是問題就是慢慢你會發現說，有的書店不賣了，因為查禁他怕麻煩，一天到晚就查禁人員來來去去。像我在台中的時候，在台中的警備總部附近就有兩家書店，就是我培養的報馬仔。你要什麼都有，但是只要書或雜誌一查禁，你一定要打通電話給我，我好安排通知其他書店。那些數量大的，趕快通知他們，哪一本已經查禁了喔！你不要擺出來了。所以因為這個事情，大概是發《深耕》雜誌的樣子，我第二天就被叫到警備總部去訓了半天，這個是書裡面沒有寫，但是這故事講起來很生動。

若林：他們問什麼？跟您問什麼？

廖為民：就叫你早上八點去報到，我就八點過去啊！就事情發生是這樣子，就那一期雜誌剛好來，那時候我記得《深耕》雜誌好像還是半月刊的樣子。

佐藤：在台中的時期？

廖為民：對，在台中書報社的時候，大概三千本還五千本，剛卸貨下來，那個文化工作小組的人就進來，「廖經理這個已經查禁了。」我說：「公文呢？」那時候 Fax 傳真機還很貴，一台台幣要十幾萬。他說：「我明天拿給你。」我說：「好啊！」他就走了啊！那時候我知道是，他可以收的話，他查扣一本獎金五塊錢，我心裡面想說，我薪水辛苦工作一個月才台幣一萬六千塊，那你這個就可以拿到一萬五千塊，還是兩萬五千塊。那當然就是基本上已經跟他交手太多次了，就知道說這個，反正我就不管，他人一走我就把雜誌通通發出去，那幾千本我就發出去，我就留個五十本，明天他來的話可以有禁書收，這樣可以當走路工帶走。

佐藤：那時，你跟出版社的關係怎麼樣？代理嗎？還是？

廖為民：對，就是台中地區的經銷商，就是中盤商。

佐藤：所以賣出去之後，才可以拿錢？

廖為民：對。

佐藤：還有把錢付給那個出版社？

廖為民：對。所以第二天他一來，就拿著一個 fax copy 的公文來，就說：「雜誌呢？」我說：「雜誌，你走了以後老闆下來啦！老闆說：『老廖，那個雜誌趕快發一發吧！』」我就發了啊！他就很生氣啦！他的獎金就飛走啦！他就跟我吵起來。那時候我們書報社剛好是比較偏僻，新蓋好的

樓房，他要借電話，跟我吵到翻臉，我就不借他，他要走一、兩公里的路到那個五權路、台中殯儀館那邊才有公共電話可以打，他就走走走，走到那邊打公共電話，然後走走走又走回來。我心裡面想，他回來幹什麼。等一下就那個 policeman 就來了，是迅雷小組的都很魁梧，那個警察就跑來問我說：「先生什麼事啊？」我說：「我不知道，他找你的喔！」警察跟他講完以後，警察就過來說：「啊，你們這個小事情。」我說：「是小事情啊！是他找你們來，又不是我找你們來的。」結果那個迅雷小組的警察也不理他，他們就編了一個理由，「啊，這個又不是我們處理的，他又不是現行犯。」就走了。他又找管區的警察來。他不知道那個管區警察是我麻吉的，因為管區警察只要一通電話來，「廖經理，我要報扣繳的那個黨外雜誌。」我說：「你要多少？二十喔？我給你五十好了！」他又不用來拿，我就請我們那個發貨的業務先生，直接帶到派出所給他。他就騎著摩托車來，他就問：「廖經理，什麼事？」我說：「我不知道，你問他、你問他。」我根本不清楚，他找你來幹什麼我不清楚，因為我們好久才見一次面，都電話連絡比較多。結果管區就問他，那個警察就幫我講話嘛！「不會啦！廖經理這個人很好相處啊！他都……對不對，我那個缺什麼跟他要就有啦！」就不再理他，找個理由又走了。他就很氣，又走回去打電話，我還記得他那個科長還是課長姓許，不知道是言午許還是雙人徐，是一個客家人，他就又走回來說，我們科科

長請你明天八點鐘到中警部去報到，台中的警備總部司令部。我說：「好。」然後就跟我老闆講，我們那時候都很習慣開玩笑，我老闆說：「啊，沒關係啦！你去綠島的話，我那個肉鬆跟那個菜脯【台】會幫你寄過去的。」我說：「那你要記得多寄一點啊！」「寄那麼多幹什麼？」就是室友大家一起分享。

　　結果第二天早上我就去了，去了他就……我那時也很喜歡看書嘛！我就帶一本書去，八點到那邊報到，就帶你到一個像偵訊室一樣，就一張桌子兩個椅子，就叫你坐那邊，我就不管，坐下來就看我的書，一個鐘頭都沒有人進來，就是製造那種比較恐怖的氣氛來嚇你。再來不知道會有什麼，什麼人來呀？或者怎麼樣啊！會不會等一下被扣押真的送綠島啊？等一下回不了家怎麼樣的。我就不管他。結果到九點多，科長就進來，「啊！廖經理啊！你都不跟我們配合怎麼樣，我們其他地方你看……」其他的漫畫書，以前台灣 copy 日本的漫畫都沒有版權嘛！那還要經過國立編譯館審，結果大家都沒有送審啊！就直接日本買回來就翻一翻就出版啦！「你看那個，我們都給你方便啦！」我說：「是啊！是啊！但是，問題是我沒辦法，不是說我那個啊！老闆叫我處理掉啊！」我說我拿誰的薪水只好聽誰的話，反正就在那邊扯來扯去的，然後科長走了，跟我吵架的科員又進來，「啊！大家好好配合嘛！不要這樣子。這個……這個照〈檢肅流氓條例〉第幾條的話可以怎麼樣。」我說：「那沒

關係啊！反正我好像沒有那麼偉大到可以當流氓啊！因為我不偷不搶，也沒有犯罪，買東西都有付錢啊！也沒有性騷擾啊！」我因為大學畢業，自己會讀六法全書嘛！這個〈檢肅流氓條例〉，我又沒有魚肉鄉民，這可能很難栽贓到我的身上啊！反正不管，那時候，真的是也好玩，也算是開玩笑啦！多少可能有點覺悟啦！那個不管。就搞、搞、搞到十二點。科長再進來說：「好吧！那以後大家配合吧！我找那個進來，大家握手。」我說：「好啊！握手很簡單嘛！只要可以回家都可以握手，要握幾次都可以。」就搞到十二點多才放我走。心裡想說這麼有錢的單位這麼搞，連一個便當都不請，還要回家吃自己。這個是我比較大的狀況，其他小狀況也很多啦！就是那個時候你只能臨場判斷，臨場處理。所以像很多事情也很有趣啦！後來我就知道是他要獎金嘛！查禁一本就五塊，他有五塊錢的獎金嘛！警備總部就會給他五塊錢的獎金，我就多給他一些退回來的、過期的黨外雜誌，這樣慢慢大家又可以稱兄道弟，我書裡面也有寫的這個就是共生結構。

那基本上因為我 1993 年、1994 年有去中國大陸，台灣第一本《毛澤東》是我出的。我那時找楊碧川寫的，那後來我出了一些中共的東西，可能就是因為對歷史的興趣，我挑的都比較……賣得都不錯，有的都可以賣到一萬冊。中國就我了解他們的狀況是，基本上出版社都是兩個單位的，一個政府的，一個是黨的，所以他們找我要什麼、做什麼我都推

掉。基本上不可能，中國的民主運動我想比較難的地方是在這裡。台灣呢，剛好就是報紙禁得很嚴，只有 31 家，每個背後都是國民黨關係，黨外雜誌剛好開了一扇窗，可以在這很小的縫隙裡面去找。所以你剛剛問說影響大不大，基本上不大，坦白講基本上是不大，但是問題它就是一直延續著無黨無派到黨外的一口氣在，然後台灣的經濟慢慢地也發展了，中產階級越來越多，加上這些所謂萬年國代慢慢也老了，二十年、三十年都不改選，老百姓也會很奇怪，為什麼我只能選省議員、只能選個縣長，我不能選立法委員，我不能選國大代表，所以黃信介是 1969 年的增補選選上去的，那老康是 1972 年，慢慢就等於國民黨必須要在這個地方開一扇窗，讓這個民意可以體現出去嘛！

若林：一個很基本的事情是想要了解就是說，「查禁」跟「查扣」實際上有什麼不一樣？「查禁」是不能在市面上賣？

廖為民：對，「查扣」是……基本上如果講比較嚴謹一點，「查扣」是在印刷廠就給你收走了。

若林：印刷廠。

小笠原：那「查禁」是印書好了以後，警備總部再發布禁書嗎？

廖為民：「查扣」等於是，你到市面上是不能賣的。那「查禁」的話，書本已在市場流通反正我不知道，你查禁啊！你就開個三聯單，那個「查扣」三聯單，他就可以，書就可以

讓你拿走，他反正也不賠錢，他反正就是把那個查扣單交給我以後，基本那個錢就可以扣掉。

松田：「查禁」的話，就不會有損失，是這樣嗎？

廖為民：就是經銷者大概不會有損失，那「查扣」是因為它在裝訂廠或是印書的過程裡面就通通收走，就是像這個吧！

松田：《進步雜誌》？

廖為民：對，像《進步》這樣子，對，這一本。它就是在印刷廠就通通收走了，所以留下來跟《選舉萬歲》一樣嘛！它也是在裝訂廠就收了嘛！所以流到市面就很少，像我知道是台灣大概不會超過兩百本，留到現在的話，這一本如果要賣的話，價格就很高。像《選舉萬歲》那時候，大概只有幾十本，一兩百本以內流出來，那時候我買的是 1978 年，我那時候是花新台幣一千塊買的，我有兩本。這本是陳文成博士的紀念集，這是美國版的 copy，這是在台中許榮淑的服務處買的，這也是一千塊台幣。

若林：就是這一本？

廖為民：對。這是影印本。

若林：影印本也要一千塊？

廖為民：有時候就等於是贊助的嘛！因為陳文成紀念集，這個是美國版的嘛！你看那時候的 copy 的技術還很落後，還用這個，呵呵。像我後來，這本的價值是，陳文成紀念集這

本的價值是阿扁的簽名啦！這個是在舊書店買的，然後精裝的少，我本來是有平裝的。結果平裝的也借陳文成基金會拿回去 copy，因為他那邊都沒有書了。

小笠原：閱讀黨外雜誌的人的比例有的地方高，有的地方低。這樣的地方上的差距，當時看得出來嗎？還是全台灣差不多？

廖為民：應該是，我想基本上還是城市最多。尤其像你不管怎麼講，我從年輕到現在，我到書報社做發行，我在 1988 年曾寫過全台灣圖書銷售的分析，所有的出版品在大台北，就是台北市、台北縣跟基隆市，要消化到一半以上，那台中的話大概是 15% 左右，台南那個大概差不多 10%，高雄大概只有 8%。就是我根據這樣長期累積，去估算出來的。所以基本上還是城市比較集中啦！你說鄉下那個菜可以一斤才兩塊錢，他怎麼有時間再去翻一本雜誌，不太可能，而且主要還是工業化以後，中產階級慢慢產生，基本上他的那個閱讀的水準，還是至少在高中以上，大學以上啦！你說一般老百姓，我想大概也很少會去接觸。

佐藤：學生買得到嗎？

廖為民：大學生是可以買得到，絕對可以買得到。

佐藤：他們有錢嗎？

廖為民：沒有，但是他們可以就是大家集資。

松田：十個人一起買的話，三十塊變成一個人三塊。

廖為民：對啊！可能就是，假設一本二十塊，那十個人，一個人出二十塊的話，那就可以買十本不同黨外雜誌，大家同時看。

若林：回到「查禁」、「查扣」的問題，如果被「查禁」、如果被「查扣」，經濟上誰受損害？

廖為民：是黨外雜誌社。因為你不可能，主要就是書店可以拿那個查扣的三聯單給你，他們就沒有損失，我們再把這個交給雜誌社的時候，一樣可以扣掉。

若林：對於雜誌社來講，被查扣的幾本等於是小事？經濟上是小事這樣？

廖為民：沒有。算是大事，後來林正杰他就用這個理由來結束掉雜誌社。已經被查禁的，可能回收成本都不足啦！我知道像這個的話，那時候像這個一本四、五十塊，五十塊喔！那製作成本，印出來差不多一本五塊錢左右，問題是如果是被像《進步》這樣被查扣的話，他就賺不到錢，甚至要賠錢，一賠可能就是二十萬台幣，三十萬台幣這樣子。

佐藤：那個經銷商跟那個零售書店的利潤，大概幾％？

廖為民：就是大概，像台北就是中盤發到書店大概七五折，那中南部的話因為加上運費就是八折，大概就是有……，如果是賣全折的話有 20%。

佐藤：你有沒有留下那個時候的單子？

廖為民：沒有，那個是帳單。那個就大概不會留。我第二本書也有寫到，這個是學界朋友幫我 copy 大本，本來是那個 32 開的小本的。

松田：《查禁圖書目錄》。

廖為民：這個一年一本。

松田：喔，一年一本。

廖為民：我在找更新的。

松田：這個在圖書館裡面有嗎？

廖為民：這個大概圖書館找不到。

松田：《查禁圖書目錄》，這內部的嗎？

廖為民：不是、不是，這個就是警備總部他那時候跟台灣省政府跟台北市政府，基本上這個書就是警備總部做的啦！他只是抓他們兩個來掛名啦！

松田：工作紀錄？

廖為民：不是工作紀錄。他就是裡面查禁了什麼書，然後就是發給你工作人員，或者說比較大的書店他可能也會給。

小笠原：那他們每年每一本做？

廖為民：就是可能啦！我現在找那個二手書店的朋友，幫我

找更新的。禁書是很多，像我這個是下一本要寫的，是美麗島事件以後的查禁，主要是後面這個查禁的機關，查禁的日期、查禁的字號、查禁的原因。

松田：原因都有，喔！

佐藤：這個原因的號碼是三（六）·（七）？

廖為民：不是。這個就是〈台灣地區戒嚴時期出版物管制辦法〉第三條第六款、第七款。

松田：這是您準備出版的？

廖為民：這是下一本。原來的那本已經送給出版社去製版了。

松田：喔，第一本是雜誌。第二本是這個出版物。

廖為民：打印的原件就是這本。

松田：喔！這樣子。

若林：《瓦解的帝國》也是禁書嗎？我有。

廖為民：你有哪一本？大的還小的？

若林：大的。大的後來出的。

廖為民：這麼大？

若林：對，我有這個。

廖為民：這個是一樣的。

若林：喔！這個沒有。

松田：您這個第二本書是什麼時候出？您的書。

若林：關於禁書的（指《台灣禁書的故事》）。

廖為民：第二本大概是明年（2017）二、三月吧！

松田：我認為這個剛剛您所提到的很奇妙的共生關係，為什麼可以成立？

廖為民：我想這是跟中國人的習性有關係嘛！

松田：上面有這個⋯⋯

廖為民：因為基本上不像你們日本人，法律就是法律嘛！中國人是講情理法。是把情先擺在第一，理擺在第二個，法是最後。我會發現很有意思就是說，基本上像我跟他已經算是滿大的衝突的時候，他如果抓我去關，他也沒有好處，公司再找一個新的經理來，他要重新跟他再磨合，重新要一起彼此去適應。如果留著我，他就不用適應，因為大家都比較知道那個規矩在哪邊怎麼玩。

佐藤：所以互相了解底線？

廖為民：對啊！對啊！對啊！我那個 deadline 在哪裡，彼此都比較清楚。他也不用打電話來，不用解釋一堆嘛！我是警備總部的什麼人，對不對？他一講，「啊！老廖，我是老徐啦！」我就知道是誰啊！「那個什麼查禁的那個幫我留一些啊！」我說：「好啊！」對不對？所以我說那個共犯結構或是共生關係就是這樣子來的嘛！因為你今天已經跟我配合的

習慣，大家知道這個 game 怎麼玩，突然換一個新手了，你自己也要傷腦筋地去了解對方是怎麼樣，對方也要能知道你的做法，慢慢去 touch，可能需要一段時間才能夠上軌道啊！那跟我就不用啊！大家就反正這一次爭口氣兒一兒完了，握握手以後又開始啊！我也不能把他掐死啊！我也不能以後就是我做什麼都不給他，我還是要為了以後長期的 run 的，事情的順利，還是要跟他配合。在中間那個共生結構也好，共犯結構也好，就出來啦！對不對？你把對方掐死也沒有用。我弄到最後他可能就是如果他警備總部再換一個新手來，我也麻煩，那我走的話，他也麻煩，在這個 game 裡面就是大家都知道，雖然有時候會有衝突，有利益上的衝突，但也只能放下。因為有時候他的需要我也給他方便，我的需要他也會給我方便，大家不要踩到紅線。

松田：我覺得大概是全台灣每個角落都發生差不多的狀況。

廖為民：對啊！這個遊戲就很好玩，後來我離開台中，我到嘉義去，到嘉義也是嘉聯書報社，更好玩就是公司的對面就是派出所，但是我去的時候，我的老闆已經跟他們關係都搞得很好了，他根本也不用來收，他直接打個電話來，「啊！老廖，我這個月又要報繳了。」我說：「要幾本？要二十，給你三十好了，沒關係。」反正過期雜誌退回去雜誌社還要付運費，對不對？那交給你還有獎金拿，我也輕鬆不用包。

松田：這也是一種交易啦！

廖為民：對啊！也是生存遊戲嘛！你只能這樣子下來，大家都有一個可以商量的地方，我想這個就是中國人做事情的方式，所以像我去日本，我就感覺到你們都是法律就是法律嘛！但是在台灣法律是排比較後面的。

佐藤：台北的總部知不知道這種情形？

廖為民：他知道他也沒辦法，因為如果他要按照他的方式要求，那我想大概沒有人願意幫他處理。

松田：就更加地下化，更加……

廖為民：沒有，他也困難啊！就只有美麗島那個時候是各縣市都有找自己的人來，但是實際上他只是一個等於是美麗島總社，然後各個縣市的經銷，他還是要透過書店的系統去走。所以當初胡慧玲問我，我說那時候台中書報社都還沒成立，美麗島的時候，我還在大學唸書，那因為我老闆他在台中的公園路有一個舊書攤專門賣新書，我在那邊一個晚上《美麗島》雜誌可以賣五百本，剛出來的時候，可以賣五百本。他那個營業時間比較長，大概晚上六點以後到深夜可能十二點，那時候人潮又多，那像我後來也是，我都拿到班上去賣，我們班五十個同學，大概至少有 15 個是讀者。沒有錢？欠著，下次再拿沒關係，今天一定要買，今天絕對不帶回去，拿 15 本來，就 15 本發完了，有沒有收錢沒有關係，反正大家都是同學，你也跑不掉。

小笠原：我們好奇的一個情況就是，看看目前中國的情況，

共產黨政府全面封鎖所謂的黨外雜誌，那回過頭看這個國民黨政府也是高壓統治，那我們發現這樣的黨外雜誌，您剛剛也說明，當然受到很大的壓力，但是還是可以發行黨外雜誌，這個意思是不是國民黨的高壓統治也無法全面封鎖？還是他們高層有些想法？因為他們要看美國或海外的這個……，因為畢竟是中華民國說他們也是自由中國，那您現在回過來看怎麼分析他們完全沒有封鎖黨外雜誌的這樣子的情況？您怎麼分析？

廖為民：不是有講過蔣介石是「民主無量，獨裁無膽」嗎？那你可以從這八個字裡面，就找到道理。你說整個台灣要民主化他又不放心，等於我們又回到《自由中國》半月刊，雷震的那個時代，雷震也是留日的，京都大學的，你可以發現他跟殷海光真的就是追求民主自由的。但是老蔣跟小蔣他基本上是想幹老大的獨裁者嘛！問題是民主他們又不敢放，專制他又不夠獨裁又不夠像毛澤東。因為我可以去中國以後，都會去買書，我大概有一百種毛澤東的傳記啦！大部分我都很詳細看過，這個人基本上他就真的是個無賴，不要臉就是了，在中國不要臉就有天下，要臉就沒天下了嘛！那老蔣今天他把整個中國丟了落跑到台灣來，他也必須看老美的臉色，我想最大壓力是在這裡。

小笠原：還是海外的壓力？

廖為民：對啊！今天坦白講，今天美麗島事件要不是美國或

者說那個 Kennedy 他們施壓或怎麼樣，他怎麼會公開審判呢？所以我是認同吳乃德教授的觀念，蔣經國絕對不是個民主者，從他在蘇聯那種訓練出來的，KGB 的那種怎麼可能是一個嚮往民主的人？不可能的啦！他只是到最後已經壓不住了，基本上他也是想利用美麗島事件，看能不能像自由中國這樣再壓個一二十年嘛！

若林：他失敗了，所以美國的壓力比較有用，然後最後還是把王昇外放，大概是這樣嗎？

廖為民：不是。我想王昇是已經……小蔣也發現他已經超過，over 了嘛！超過他應該擁有的 power，對不對？基本上來講，王昇會被外派很簡單，他已經在布置，小蔣走了以後他可能就是要當老大，所以會有那個什麼劉……

若林：劉少康辦公室。

廖為民：對啊！那種動作已經太明顯了，就是準備接班了嘛！

松田：我想請教這個美麗島查獲的時候，就是警備總部派自己人到各地去，那代表是當時的警備總部的壓迫感，平常是讓地方的……

廖為民：沒有、沒有。從大概……從 1970 年以後，基本上來講，台灣在圖書、雜誌、新聞已經是警總在控制的。坦白講，宋楚瑜那個行政院新聞局，只是掛個看版而已，後面的決策者真的是警備總部，基本上來講至少在文化的部分，已

經是監視控制的。所以我有想過，就是包括資料找出來，主要這些東西都是警總在查禁的，新聞局很少，新聞局大概各縣市的文化工作小組大概就是查禁那所謂黃色的，那個色情的東西什麼之類的。

松田：他們兩者之間也有矛盾嗎？或者是？

廖為民：有，但是問題是那時候軍方的勢力比較大，是一個比較封閉的單位。

松田：他們也不是競爭關係？

廖為民：我想沒有存在什麼競爭關係，你新聞局也是後來再成立的嘛！基本上新聞局的工作可能就是在宣傳，在宣傳的方面。

松田：那取締還是警備總部？

廖為民：基本上那個 power 還是在警備總部，所以他警備總部一發函就是禁。

若林：你早期跟黨外雜誌的行銷、編輯等等有關係，那麼你印象裡面，印象比較深刻的人物能不能介紹一下。你書裡面提到的就是，鄭南榕先生、張化民先生，還有辦《人間》雜誌的陳映真先生。你能不能談這些人的回憶或者印象比較深刻的地方。

廖為民：張化民他是個老政治犯，我認識他也是從康寧祥質詢他第二次又被抓進去的事件，後來是到九〇年那個時候，

我已經做了書報行銷公司，他透過朋友來找我的，基本上弄了些小冊子喔！那個實在是怎麼講，他人是不錯，但是基本上我的個性可能就是比較……因為從年輕的時候就認識這些人，基本上他是統派或者獨派，我比較不是那麼 care，都是朋友嘛！所以統派有些朋友就說，老廖是一個可以溝通的獨派朋友。比較有意思的就是那時候，我是 84 年上來台北，86 年進去《人間》雜誌，剛好有個行銷職位是朋友介紹啦！基本上我的意識形態跟陳映真絕對是差距很大，我大概是從那種比較年輕時候狂熱的黨外，慢慢到後來變成是個理性的台獨者。基本上我認為不管怎麼樣，一個小島自己獨立是最好的。我比較感動的是，那時候陳映真親自應徵，他要找一個發行，剛好那是我的專長，我跟他面談談得也很愉快，我當面跟他講：「陳先生，我跟你意識形態是不同的，你自己可能這點要考慮一下。」他就過來拍拍我的肩膀說：「你什麼時候來上班？」我在工作的時候，反而可以撇開這種意識形態，所以我在這本書（指《台灣禁書的故事》）裡面，《將軍族》的介紹裡面我有寫到就是說，基本上《陳映真作品集》十五本是我建議的，因為那時候《人間》雜誌基本上他賺不了錢，一百四十八塊他賺不了錢。

若林：這個我也在日本訂購。

廖為民：他賺不了錢，我進去大概已經發行十幾期，我就建議他，那時候整個雜誌社的銷售量、訂戶量什麼，我整個通

通都統計出來。我就建議說一本要兩百五十塊台幣，那陳映真就笑一笑說這不可能的事。我又動腦筋想，我大概從⋯⋯從策劃到出版《陳映真作品集》大概用六個月的時間就出來了。我是認為說他這個作品集還能賺錢，所以那時候，書冊精裝三千塊台幣，那個都我搞的啦！怎麼promotion，怎麼去行銷這個東西，都我整套想的。跟陳映真講，他還不願意做，我只好去找王拓，王拓是社長，只好要王拓自己去跟陳映真溝通，我說這樣子公司才可以多賺一點錢，比較好生存。

若林：我記得有一次《八十年代》後半期，拜訪過陳先生在《人間》的辦公室，所以好像那個時候，你在那邊，我在這裡？有可能？

廖為民：我在那邊待不到一年就走了，那時候朋友是在台中一個建築商，他願意去投資，所以我後來就跑去做行銷公司，然後開始做克寧出版社。那鄭南榕比較有趣就是，鄭南榕我有時候滿佩服他就是，基本上他雜誌社要創刊的時候，他有到台中去，然後跟老闆大家吃飯什麼的，因為那時候整個在中部地區的黨外雜誌發行都是我一手在處理的，所以我最清楚嘛！就跟他談數量什麼的，那是第一次見面。那到第二次是我決定離開，上來台北工作，就透過那個天元圖書公司小蘇的哥哥介紹，那也是很偶然啦！就是反正年輕，到最後就是覺得說，你要做這個行業還是要到台北來發展，就像

日本最後可能那個目標還是在東京一樣，出版社也多，雜誌社也多，剛好朋友介紹我去，就遞出去履歷表，他就談。結果我發現他就填了「叢書編輯」，我自己也很訝異，因為那時候我只是比較純粹是一個發行很內行的，然後很喜歡看書的一個人而已。想不到後來就真的就走上……到最後就是……，你說這編輯什麼，我自己都是土法煉鋼的，包括像這些東西都是一邊學一邊改，所以一樣，我第一本書那個年表是先做出來的，像這個的話就大概幾冊，整個通通列出來，那這個中間當然很多，有的如果沒有那個警總查禁字號的話，那就暫時先擺旁邊。那我不知道……，這套書，張炎憲主編國史館這套書是很有用啦！就十幾冊嘛！所以大概你們講得出來我家裡都有。

若林：那這個系統的康寧祥先生等等，您都有接觸嗎？

廖為民：還是都有啦！像我這個四月九日還跟司馬文武在台中演講。

若林：喔！司馬。

廖為民：就是台中他們弄一個言論自由日嘛！

松田：四月七日。

廖為民：那本給你好了。這本給你好了。

若林：喔！這樣，謝謝。

廖為民：台中的朋友辦了系列，從二二八到四月七號，四月

七號現在正式是言論自由日。老康的回憶錄你們應該都有吧？

松田：有、有、有。

廖為民：我為了寫這些東西，至少已經從頭到尾看了三遍以上。

家永：換一個話題，我看到那個封底寫到鄭南榕先生的那個《自由時代》系列開關了門對門送貨服務，直接宅急配，這是真的嗎？

廖為民：那個只有在台北市才有辦法，到中南部沒辦法，我很清楚。因為裡面那個發行大家都是好朋友，以前那個邱謙城，我也跟他討論過這個事情，他就說：「廖大哥，那沒辦法，只有在台北市。」因為台北市是後來民進書報社等於是鄭南榕自己花錢去辦的，他可以就是一本也送，就台北市他可能排一個路線，對不對？一個路線這樣下來，然後出版了就遞送，在中南部就沒辦法，離開台北市就沒辦法。

家永：那個避免查禁上很有效的辦法嗎？

廖為民：基本上有效無效是很難講。像我知道就是，鄭南榕他有時候就是同一本，同一期雜誌他分兩、三個地方印，就是這家給你查扣沒關係，反正你有成績，查禁的人員你有成績。比如說這家只印兩千本，這家是給你收的，另家印二萬這個是要賣的。如果要談那個小細節，那個 game 很好玩

啦！眞的！

佐藤：在台北？

廖為民：沒有，他可能搞到最後是，我知道很有趣的是，我台中的朋友也曾經幫忙印過《自由時代》，因爲台北已經……可能大台北附近的所有出版跟裝訂，警總都已經納入控制了，那沒關係我就找一家你警總也知道的，我就印兩千本，等你來收，我那個另外又做版，就拿到中南部去印，我知道有的是到中南部去印的。

松田：就是聲東擊西。

若林：上有政策，下有對策。

佐藤：所以決定印量的時候考慮這個會被查禁？

廖為民：對啊！所以對不起，因爲查禁嚴重，所以五十五塊，漲六十六塊。基本上會購買這些雜誌的人，我想不是因爲價格的因素，反正 1987 年解嚴以後有一陣子大家都很失落，因爲不知道，你沒有那個禁書的標的可以找，警總幫你看書了，反正只要是禁了你就買就對了。就突然整個開放了，哇！市面好多書你不知道哪本比較好，哪本比較精彩呀？所以那時候大家就開玩笑說，希望警總繼續再禁吧！禁的話，大家就知道這本一定有什麼好看的啊！

松田：沒有人幫你導讀。

廖為民：對啊！對啊！

若林：警總扮演一種導讀的作用。

佐藤：被禁但是買得到嗎？

廖為民：對！就是基本上是一定會買得到啦！

若林：所以被查禁不等於是看不到？買不到？

廖為民：對。

若林：這個到底背後有很多遊戲，就像……

廖為民：對啊！這樣子彼此都相安無事，你也有成績啊！上面要罵的話，就說：「有查禁呀！你看這邊，一收就一千本、兩千本，我有努力做啦！」那可能收到兩千本，外面是兩萬本在賣。

松田：就是中間的人都在欺上瞞下，就是騙上面。

廖為民：不是啊！就是可能我比較習慣就是，像我來講，基本上有關日本的東西我也看了很多。我一直在探討說，像你們日本來講，是就是，不是就不。像我爸爸基本上他也是在日治時代長大的，1945 的時候他已經滿十八歲了，他的思想都定型了，所以有時候我會跟我老爸開玩笑說，你什麼時候回祖國去啊？到日本去，對他來講是回祖國，因為滿街上文字他都看得懂呀！滿街上我只有漢字看得懂，雖然大學也念了一點日文，但是那個是考試用的，考完試大概也都忘光了。基本上那種感覺，像我爸爸來講，他們大概高等科畢業的就很厲害了，坦白講比後來我們大學畢業的人都厲害，就

那種修養，那種教養的方式什麼的，所以我想跟你們講這些你們可能會很 surprise；就是說，在日本你們不會這樣搞，禁就禁了呀！但在台灣裡面就可以有很多遊戲可以玩。

佐藤：會不會有這種情況，那個賣不掉的東西提供給派出所？

廖為民：喔！不是，那就是他有需要啊！像我剛剛講的就是啊！那管區警員他也不用來拿啊！「哎呀，廖經理，我這個月要報了咧！」我說：「你要多少？」「喔，二十。」「啊！沒關係我給你五十啦！」反正，對不對？他一本多五塊，他就對我很好啊！什麼事情有時候他都會打電話告訴我，「哪一本又被查禁了喔！」所以很好玩啦！就是，那時候有一點刺激，有一點好玩。那現在回想真的是很好玩，所以我到最後認為是一種共生結構跟共犯結構就是這樣來的。就是你也不能沒有我啊！再一個新的來，你也痛苦，可能大家又要開始溝通、溝通，溝通到一個程度才有那個默契，但是你跟我都不用啊！我知道你大概會要求到什麼，只要不超過我的底線我都會給你。你也知道我在怎麼玩，只要不太超過大家都沒事啊！

松田：就是對警總來說，也是不能沒有你，因為沒有了你以後，他們也沒有獎金。

廖為民：不是，他們有獎金，但他們會很辛苦，他們要書店只能收一本、兩本、一本、兩本這樣。

松田：就是跟你合作的話，他們獎金就可以保障，而且你還可以說多一點，給你多一點。

廖為民：對啊！

佐藤：警總上面的人也知道這樣的？

廖為民：我想警總上面的人知道，他也不可能去處理，因為反正他也是個……怎麼講，也是個大伙計而已嘛！對不對？老蔣跟小蔣是老闆嘛！他是個大伙計而已，那其他小伙計，他也只能睜一隻眼閉一隻眼。我想在日本當然不是這樣子啦！但是在台灣就是這樣子嘛！反正他如果做得好，他升官了，他也不一定老是在這個位置嘛！大家能夠過就好了嘛！

松田：難怪國民黨輸給共產黨，丟了整個中國，就是這樣。

廖為民：所以剛剛你講得對，就是欺上瞞下。到現在還是很多啊！你看國民黨那種官僚出來的，今天基本上來講，我想比較認識的，比較對整個體制有花一點時間去研究。像我一大堆那個中國的有關台灣的東西，你看了會很好笑，不是一開始第一句話都是台灣自古就是中國的一部分，就在最後那個 page 都一定要交代嘛！不是在第一句就是在最後一句嘛！真的好東西不多，但是問題就是，你想了解他們這些所謂中國的台灣研究者在談些什麼，你也是要看呀！那有些東西你會看了就覺得很好笑。所以中國可怕嗎？不可怕啦！只是台灣人自己要不要建國而已呀！決心到哪裡就可能走到哪裡。

松田：這些黨外雜誌，筆者很多都用筆名，您大概都知道誰是誰嗎？

廖為民：那不可能。你說像司馬文武他也不可能，將近 180 本雜誌，他有辦法記得每個人？他還好，你說像《自由時代》或者《前進》在整個從發行人到那個掃廁所的工友都是鄭南榕、都是林正杰的時刻，你哪裡去查起？有啊！我那個統派的朋友大概過世 20 年了，他是到美國去年念電影的，那時候要幫他出紀念文集，也找不到人問，因為他那個總編那麼多，張富忠，吳祥輝又是誰，那個時間就很難，那時候基本上裡面很多是記者，都是報社的記者，《中國時報》、《聯合報》的記者。

松田：喔，他們在自己的報紙裡面不能寫，所以？

廖為民：對呀！對呀！康寧祥回憶錄裡不是有寫到嗎？他太太到台大醫院去找那個醫生，當面在那邊抄稿子，抄好那個原稿還給醫生，稿費也給醫生。帶著抄寫好的稿子回去。再講一個笑話，楊碧川講的，李○○現在是○○委員會的副主委嘛！他那時候不是念台大嗎？《新潮流》在製作的時候，楊碧川主編的那一期，李○○拿那個稿子到打字行去打，結果，打好了，拿回來的原稿是變成影印的，楊碧川說：「啊，李○○，這個手寫稿怎麼變成影印稿。」李○○就趕快要騎著腳踏車要去換，結果到那邊，打字行老闆說：「啊，對不起，我把那個原稿拿給警總了，copy 本拿給你。」所以有

些朋友就建議我說，你不要寫硬梆梆的，寫這些小故事會很好玩，我說：「是啊！是很多啦！」你說像《八十年代》跟我最要好的就是《暖流》的發行人康文雄，他好像是康寧祥的遠親，他現在都還在，我們都還有聯絡，他那個是笑話一堆，什麼都有。

佐藤：那個報紙的總編知不知道自己的記者寫在黨外雜誌？

廖為民：知道呀！知道也沒用呀！如果他有那個能力，你要 fire 他嗎？對不對？他寫這個，他也是為了生活，多賺點稿費呀！

松田：一個字一個字多少錢這樣子。

佐藤：所以國民黨體制早就很空洞化。

廖為民：我想也不是。就是因為老蔣跟小蔣他們大概也只能顧到眼前的東西，所以我覺得台灣最大的危機是不管是國民黨、民進黨，就是你沒有那個 vision，沒有遠景，不知道遠景在哪裡，可能最危險的就是這一點。

小笠原：請問您個人的思想的發展，你什麼時候開始有你的理想是建國獨立？從小時候應該是沒有那樣的思想，長大以後才有？

廖為民：對，當然啊！慢慢你思想成熟以後，剛開始也是忠黨愛國啊！

小笠原：那可不可以說明一下什麼時候發生大轉變？

廖為民：我的轉變可能是比較慢的，我的書裡面也有寫就是，我那時候念小學四年級還五年級，大概十歲的時候。我媽媽當選鎮民代表，國民黨民眾服務站送入黨申請單來，我爸爸很客氣跟他談，談了一陣子，送他出去以後，回來就把那一份入黨申請書直接丟在垃圾桶，我說那是我民主的啟蒙。爸爸怎麼嘴巴講的跟做的都不一樣，那時候我才十歲，所以說我慢慢地從一個感性的台獨走到理性的台獨，我覺得說台灣只要自己能夠小國小民也不錯啊！不一定是要所謂的強國、大國什麼的，只要自己老百姓台灣這個島不管怎麼樣，你能夠民主自由，生態也保護好就可以了嘛！不一定要像中國百年來的雪恥，不用嘛！你幹嘛那麼辛苦呢？對不對？像我剛開始以前比較常去日本，所以我很佩服你們，你們那種生活的壓力，我寧願回來台灣，我覺得還比較有空間。日本的社會結構已經定型了，比較沒有機會了啦！那像台灣你想做什麼就做什麼，你只要……像我來講，基本上我也沒想到後來我會跑來做這個行業，你在這個過程裡面，所以我在書裡面謝謝很多老闆就是這樣子。基本上，不是他們賞我一口飯吃，而是他們指引一個方向讓我去走，或者說在工作上指導我，指出一條路來讓我去走，才能夠到今天有這個機會，我能夠保留這麼多書，我那個台中書報社的翁老闆功勞很大，因為那時候他開那個宏昌書局，我現在寫這個就發現說，不過他也賺了不少錢，就是那時候反正外面是通通查禁，但問題是他就是有東西，然後就說，「老廖，《選舉萬歲》

要不要？」「多少錢？」「一千塊。」我說：「你讓我想一下，但是你要讓我分期付款。」那時候一個月，學生打工才一千三百塊台幣，意思就是我活到現在六十出頭，中間會成就今天的我，是有很多朋友或者長輩，他們這樣拉拔我，一步一步走到今天，那像這個也沒有人叫我去做，你要留這些東西。以前我太太也都很氣，要搬家的時候這個最重。

小笠原：我們要問，您搬家好幾次，都帶這樣多的資料，那一個問題就是這些都是您一個人搬嗎？還是如果請搬家公司的話，那他們看這個那麼多黨外雜誌，是不是覺得奇怪或告訴警察說這樣的事情。

廖為民：不會啦！因為都裝箱了，基本上我那時候1984年從台中搬上台北的時候，就已經一百箱了，我那時候是租了一個回頭車，十噸半還什麼的，反正後面那一半就一百箱。

小笠原：都是請朋友來？

廖為民：對。我兒子的同學很可憐，都會叫他們來幫忙。所以我兒子他是大學畢業，他念那個紡織研究所，服裝的，他不做這一行，我女兒也不要。

小笠原：那基本上搬家公司沒有關係？

廖為民：我箱子都會裝好，裝起來。基本上他們大概也不會管這個，他們比較 care 是能不能多一千塊啊！對不對？那個對他們來講比較實際，老闆這麼重這要加錢啊！那個比較

實際啦！這個什麼書啦！書是最重的啊！後來我從新店搬來這裡，基本上我是用我自己車子跑了二十趟，這些書都我自己搬的，我那兩百多箱直接找專門做發行朋友的貨運直接搬回去鄉下，我還有十個大書架搬回去，都還是不夠裝。所以我在演講的時候我就提過，對不起兩樣的東西，一個是我老婆，因為我大概一半的薪水都花在書上面，一個就是書，因為砍了太多樹木，相信我們都很清楚，有時候書買的都很高興，回頭你再拿的時候已經是三年以後了。

若林：謝謝。

廖為民先生訪談要領

1. 身為將黨外雜誌「流通」至市面的當事人，請問您認為在 70 至 80 年代中期，是什麼樣的人會購買黨外雜誌？另外，是否可以告訴我們，黨外雜誌的讀者分布的地區及社會階層狀況？

2. 您認為當時黨外雜誌的讀者們，是將黨外雜誌視作為「內容危險」或是「私下偷看」的刊物呢？還是說當時他們並沒有那樣的認知呢？

3. 可否請您談談有關當時黨外雜誌流通的實際狀況，當時黨外雜誌是如何選擇及確保印刷廠？在發行及書店通路方面，他們又是如何管理訂戶或贈書對象名單呢？

4. 可否請您談談有關國民黨政府如何取締黨外雜誌的具體情況。譬如說，政府是怎麼樣執行「查扣」及「查禁」的呢？

5. 想請教您作為出版人的實際感想，國民黨政府為何給予黨外雜誌一定的生存空間呢？是意圖不去擊潰他們，或是說因為有什麼樣的因素令他們無法壓制呢？

6. 您的大作裡面，您有提您與鄭南榕先生、張化民先生、陳映真先生等人士之間的交往。是否可以請您談一下您與其他黨外雜誌發行人、作家的私交，或是對相關人物評論？

資料來源：《台灣政黨政治黎明期關係者インタビュー集（上）》，田上智宜・松田康博編，東京大學東洋文化研究所附屬東洋學研究情報センター叢刊28，2019 年 3 月 27 日出版。

附錄二

本書介紹之「查禁圖書」相關資料

	書名	作者	出版者	出版年月日
1.	《虎落平陽》	林義雄、姚嘉文	自印	66.8
2.	《我的沉思與奮鬥》	張俊宏	自印	66.9
	《景涵選集》	張俊宏	自印	66.9
3.	《護法與變法》	姚嘉文	自印	67.11
4.	《從蘭陽到霧峰》	林義雄	自印	67.11
5.	《勇者不懼》	陳婉真	長橋出版	67.9.15
6.	《到民主之路》	黃煌雄	自印	69.10.10
7.	《台灣省議會之變局》	鄭牧心	八十年代	69.10.15
8.	《風雨之聲》	許信良	長橋出版	67.3.15
	《當仁不讓》	許信良	長橋出版	66.8.1
9.	《選舉立法始末記》	編輯部	八十年代	69.11.1
10.	《一個小市民與老長官的政治對話》	康寧祥、王兆釧	自印	69.11
11.	《康寧祥與民主政治》	進峰編	八十年代	69.11.1

開數	頁數	查禁			
		機關	日期	字號	原因
32	439	警備總部	69.9.24	隆徹四一〇〇	三6、7
32	311	警備總部	69.9.24	隆徹四一〇〇	三6、7
32	504	警備總部	69.9.24	隆徹四一〇〇	三6、7
32	223	警備總部	69.9.24	隆徹四一〇〇	三6、7
32	422	警備總部	69.9.24	隆徹四一〇〇	三6、7
32	304	警備總部	69.9.24	隆徹四〇九九	三6、7
32	207	警備總部	69.10.23	隆徹四六一五	三6、7、8
32	303	警備總部	69.10.27	隆徹四六七〇	三6、7、8
32	231	警備總部	69.11.10	隆徹四八〇七	三6、7
32	193	警備總部	69.11.10	隆徹四八〇七	三6、7
32	376	警備總部	69.11.11	隆徹四八九二	三6、7
48	63	警備總部	69.11.18	隆徹四九九四	三6
32	235	警備總部	69.11.24	隆徹五〇九一	三6、7

12.	《礦溪一老人》	王燈岸	自印	69.11
13.	《民主的國土》	筍孫	自印	69.11
14.	《射鵰英雄傳》	金庸	華源出版	54.8
15.	《叛徒的告白》	李筱峰	四季出版	70.4.15
16.	《政治笑話集》	鄭牧心編	四季出版	70.4.20
17.	《等》	曾心儀	四季出版	70.3.25
18.	《千秋·冤獄·黨》	李敖	四季出版	70.9.1
19.	《望春風 —— 台灣民主運動人物奮鬥史》	蔡憲崇	自印	70.10.5
20.	《談景美軍事看守所》	梁山	大橋出版	
21.	《寧為黨外》	林正杰	自印	70.10
22.	《捨我其誰》	余金來	自印	70.11.5
23.	《陳文成教授紀念專集》	編委會	自印	71.7.2
24.	《七十年代論戰柏楊》	藍玉鋼編	四季出版	71.8.1
25.	《魯迅評傳》	曹聚仁	雙喜圖書	71.11

資料來源

1. 根據史為鑑編《禁》及國史館出版之《新聞自由（一九六一～一九八七）》、《言論自由》（三），及警備總部出版之《查禁圖書目錄》（一九八二年元月版）等資料整理而成。

24	204	警備總部	69.11.27	隆徹五一四三	三6、7
24	316	警備總部	69.12.2	隆徹五一七〇	三6、7
24	1,623	警備總部	70.5.15	隆徹一八七二	翻印禁書
24	310	警備總部	70.5.20	隆徹一九五七	三6、7
24	355	警備總部	70.5.21	隆徹一九五九	三6、7
24	284	警備總部	70.6.18	隆徹二四五二	三6、7
24	160	警備總部	70.10.21	隆徹四三三八	三6、7
32	180	警備總部	70.10.28	隆徹四三七四	三6、7
24	304	警備總部	70.10.30	隆徹四四四六	三4、6、7
32	299	警備總部	70.11.3	隆徹四四八六	三6、7
24	222	警備總部	70.11.6	隆徹四五五五	三6、7
16	238	警備總部	71.10.13	隆徹三八六七 隆徹三八六八	三6、7
32	220	警備總部	71.12.16	隆徹四七四二	二及三
32	354	警備總部	72.1.12	隆徹〇一三八	二及三3

2. 表格內之日期為民國年份，如 69.9.24 是民國 69 年 9 月 24 日。

3. 查禁原因如三 6、7，係指〈台灣地區戒嚴時期出版物管制辦法〉第三條第六、七款，詳參本書附錄之管制辦法條文。

附錄三

台灣地區戒嚴時期出版物管制辦法

行政院 59 年 5 月 5 日台 59 內三八五八號令核准修正
國防部 59 年 5 月 22 日（59）崇法字一六三三號令公布

第一條：為管制出版物特依戒嚴法第十一條第一款之規定訂
　　　　定本辦法。
第二條：匪酋、匪幹之作品或譯著及匪偽之出版物一律查
　　　　禁。
第三條：出版物不得有左列各款情形之一：
　　　一、洩漏有關國防、政治、外交之機密者。
　　　二、洩漏未經軍事新聞發佈機關公布屬於「軍機種類範
　　　　　圍令」所列之各項軍事消息者。
　　　三、為共匪宣傳者。
　　　四、詆譭國家元首者。
　　　五、違背反共國策者。
　　　六、淆亂視聽，足以影響民心士氣或危害社會治安者。
　　　七、挑撥政府與人民情感者。
　　　八、內容猥褻有悖公序良俗或煽動他人犯罪者。
第四條：本戒嚴地區遇有變亂或戰事發生，台灣警備總司令
　　　　部對出版物得事先檢查。前項措施之開始，另以命

令行之。

第五條：凡在本地區印刷或出版發行之出版物，應於印就發
　　　　行時，檢具樣本一分，送台灣警備總司令部備查。

第六條：在本地區以外之出版物，除確供自用，經港口機場
　　　　檢查單位查核放行者外，應呈經主管機關核准後，
　　　　始得進口。

第七條：凡出版物進口時，應由台灣警備總司令部查驗。

第八條：出版物有本辦法第二條或第三條之情事者，對其出
　　　　版發行人應依有關法令予以處分，並扣押其出版
　　　　物。

第九條：違反本辦法第五條之規定者，得比照出版法第
　　　　三十八條第一款之規定辦理之。

第十條：違反本辦法第六條之規定者，應將其出版物扣押，
　　　　其在一個月內，提出申請經主管機關核准者，得卜
　　　　人尸卜補辦進口手續後發還。

第十一條：本辦法自公布日施行。

資料來源：引自《新聞自由（1945~1960）》387~388 頁及
　　　　　《新聞自由 1961~1987）》68~69 頁，國史館，
　　　　　2002 年 12 月初版。

參考書目

1. 林義雄、姚嘉文，《虎落平陽》，自印，1977 年 8 月。
2. 張俊宏，《我的沉思與奮鬥》，自印，1977 年 9 月初版。
3. 張俊宏，《景涵選集》，自印，1977 年 9 月初版。
4. 姚嘉文，《護法與變法》，自印，1978 年 11 月初版。
5. 林義雄，《從蘭陽到霧峰》，自印，1978 年 11 月初版。
6. 陳婉眞，《勇者不懼》，長橋出版社，1978 年 9 月 15 日。
7. 黃煌雄，《到民主之路》，自印，1980 年 10 月 10 日初版。
8. 鄭牧心，《台灣省議會之變局》，八十年代出版社，1980 年 10 月 15 日初版。
9. 許信良，《風雨之聲》，自印，1977 年 4 月。
10. 許信良，《風雨之聲》，長橋出版社，1978 年 3 月 15 日。
11. 許信良，《當仁不讓》，長橋出版社，1977 年 8 月 1 日。
12. 八十年代出版社編輯部，《選舉立法始末記》，八十年代出版社，1980 年 11 月 1 日初版。
13. 康寧祥、王兆釧，《一個小市民與老長官的政治對話》，自印，1980 年 11 月初版。
14. 進峰編，《康寧祥與民主政治》，八十年代出版社，1980 年 11 月 1 日初版。
15. 王燈岸，《礦溪一老人》，自印，1980 年 11 月初版。
16. 筍孫，《民主的國土》，自印，1980 年 11 月初版。
17. 金庸，《射鵰英雄傳》，遠流出版公司，2004 年 7 月。

18. 李筱峰，《叛徒的告白》，四季出版，1981 年 4 月 15 日。

19. 鄭牧心編，《政治笑話集》，四季出版，1981 年 4 月 20
　　日初版。

20. 曾心儀，《等》，四季出版，1981 年 3 月 25 日初版。

21. 李敖，《千秋・冤獄・黨》，四季出版，1981 年 9 月 1
　　日初版。

22. 蔡憲崇，《望春風 —— 台灣民主運動人物奮鬥史》，自印，
　　1981 年 10 月 5 日初版。

23. 謝聰敏，《談景美軍法看守所》，自由時代出版社，
　　1986 年 2 月初版。

24. 謝聰敏，《談景美軍法看守所》，前衛出版社，2007 年
　　6 月三版。

25. 林正杰，《寧爲黨外》，自印，1981 年 10 月。

26. 余金來，《捨我其誰》，自印，1981 年 11 月 5 日。

27. 陳文成教授紀念專輯編委會，《陳文成教授紀念專集》，
　　美國自印，1982 年 7 月 2 日初版。

28. 深耕雜誌社編輯部，《陳文成博士紀念集》，陳庭茂，精
　　裝版及平裝版，1982 年 7 月 3 日初版。

29. 藍玉鋼編，《七十代論戰柏楊》，四季出版，1982 年 8
　　月 1 日初版。

30. 曹聚仁，《魯迅評傳》，雙喜圖書，1982 年 11 月初版。

31. 曹聚仁，《魯迅評傳》，天元圖書，1988 年 1 月初版。

32. 曹聚仁，《魯迅評傳》，上海東方出版中心，1999 年 4
　　月初版。

33. 薛月順、曾品滄、許瑞浩編註，《從戒嚴到解嚴》，國史館，2000 年初版。

34. 楊秀菁、薛化元、李福鐘編註，《新聞自由（1945~1960）》、《新聞自由（1961~1987）》兩冊，國史館，2002 年初版。

35. 薛化元、楊秀菁、林果顯編註，《言論自由（1~4）》四冊，國史館，2004 年初版。

36. 李筱峰，《台灣民主運動四十年》，自立晚報出版部，1987 年初版。

37. 史為鑑編，《禁》，四季出版公司，1981 年初版。

38. 康寧祥論述、陳政農編撰，《台灣，打拼 —— 康寧祥回憶錄》，允晨文化，2013 年初版。

39. 楊秀菁，《台灣戒嚴時期的新聞管制政策》，稻鄉出版社，2005 年初版。

40. 江詩菁，《宰制與反抗 —— 中時、聯合兩大報系與黨外雜誌之文化爭奪（1975~1987）》，稻鄉出版社，2007 年初版。

41. 吳乃德，《百年追求：台灣民主運動的故事 —— 卷二自由的挫敗》，衛城出版社，2013 年初版。

42. 胡慧玲，《百年追求：台灣民主運動的故事 —— 卷三民主的浪潮》，衛城出版社，2013 年初版。

43. 若林正丈，《台灣：分裂國家與民主化》，月旦出版社，1994 年初版。

44. 若林正丈，《戰後台灣政治史 —— 中華民國台灣化的歷程》，台大出版中心，2014 年初版。

45. 若林正丈、松永正義、劉進慶編著,《台灣百科》,一橋出版社,1996 年初版。

46. 蕭阿勤,《回歸現實 —— 台灣 1970 年代的戰後世代與文化政治變遷》,中央研究院社會學研究所,2008 年初版。

47. 蕭阿勤,《重構台灣 —— 當代民族主義的文化政治》,聯經出版公司,2012 年初版。

48. 楊碧川編撰,《政治犯 —— 台灣獨立運動史》,台灣政治受難者聯誼總會,1995 年初版。

49. 楊碧川,《台灣現代史年表(1945 年 8 月~1994 年 9 月)》,一橋出版社,1996 年初版。

50. 蘇瑞鏘,《白色恐怖在台灣 —— 戰後台灣政治案件之處置》,稻鄉出版社,2014 年初版。

51. 張曙光、周建明編譯,《中美解凍與台灣問題 —— 尼克松外交文獻選編》,香港中文大學出版社,2008 年初版。

52. 陳儀深等,《白色聲音:政治受難者及相關人物口述歷史第一輯》,國家人權博物館籌備處,2011 年 12 月初版。

53. 楊翠主編,《烈焰‧玫瑰 —— 人權文學‧苦難見證》,國家人權博物館籌備處,2013 年 12 月初版。

54. 向陽主編,《白色年代的盜火者》,國家人權博物館籌備處,2014 年 10 月初版。

55. 向陽主編,《打破暗暝見天光》,國家人權博物館籌備處,2016 年 10 月初版。

56. 陳彥斌主編,《因為黑暗,所以我們穿越》,台中市政府文化局,2015 年 12 月初版。

57. 陳彥斌主編,《黯到盡處,看見光》,台中市政府文化局,
2016 年 12 月初版。

58. 陳彥斌主編,《透光的暗暝》,台中市政府文化局,
2017 年 12 月初版。

59. 楊碧川主編,《停格的情書》,高雄市立歷史博物館,
2013 年 12 月。

60. 黃旭初主編,《禁錮的青春,我的夢》,高雄市立歷史博
物館,2014 年 10 月。

61. 黃旭初主編,《政治標記,白色夢魘》,高雄市立歷史博
物館,2015 年 12 月。

62. 吳叡人,《受困的思想》,衛城出版社,2016 年。

63. 廖為民,《我的黨外青春 ── 黨外雜誌的故事》,允晨文
化,2015 年 11 月。

64. 廖為民,《台灣禁書的故事》,允晨文化,2017 年 3 月。

65. 陳芳明,《我的家國閱讀》,麥田出版,2017 年 5 月。

國家圖書館出版品預行編目 (CIP) 資料

美麗島後的禁書 / 廖為民著 . -- 初版 . – 台北市：前
衛 , 2019.10
面 ; 15X21 公分 -

ISBN 978-957-801-882-2（平裝）

1. 禁書 2. 出版品檢查

009   108013265

美麗島後的禁書

作　　者	廖為民
責任編輯	楊佩穎
校　　對	廖為民、楊佩穎
封面設計	王藝君
內頁設計	Nico Chang
指導贊助	國家人權博物館 NATIONAL HUMAN RIGHTS MUSEUM

出 版 者　前衛出版社
　　　　　10468 台北市中山區農安街153號4樓之3
　　　　　電話：02-25865708｜傳真：02-25863758
　　　　　郵撥帳號：05625551
　　　　　電子信箱：a4791@ms15.hinet.net
出版總監　林文欽
法律顧問　南國春秋法律事務所

總 經 銷　紅螞蟻圖書有限公司
　　　　　11494 台北市內湖區舊宗路二段121巷19號
　　　　　電話：02-27953656｜傳真：02-27954100

出版日期　2019年10月初版一刷
定　　價　新台幣380元

✳請上『前衛出版社』臉書專頁按讚，獲得更多書籍、活動資訊
　https://www.facebook.com/AVANGUARDTaiwan